李宇 ◎ 著

新兴媒体背景下中国影视产品走出去研究

中国广播影视出版社

图书在版编目（CIP）数据

新兴媒体背景下中国影视产品走出去研究 / 李宇著. -- 北京：中国广播影视出版社，2019.4（2025.2重印）
ISBN 978-7-5043-8283-2

Ⅰ. ①新… Ⅱ. ①李… Ⅲ. ①电影文化－文化传播－研究－中国②电视文化－文化传播－研究－中国 Ⅳ. ①J909.2②G12

中国版本图书馆CIP数据核字(2019)第052502号

新兴媒体背景下中国影视产品走出去研究

李宇 著

责任编辑	毛冬梅
装帧设计	阮全勇
出版发行	中国广播影视出版社
电　　话	010-86093580　　010-86093583
社　　址	北京市西城区真武庙二条9号
邮　　编	100045
网　　址	www.crtp.com.cn
电子信箱	crtp8@sina.com
经　　销	全国各地新华书店
印　　刷	三河市同力彩印有限公司
开　　本	710毫米×1000毫米　1/16
字　　数	186（千）字
印　　张	14.5
版　　次	2019年4月第1版　2025年2月第2次印刷
书　　号	ISBN 978-7-5043-8283-2
定　　价	69.80元

（版权所有　翻印必究·印装有误　负责调换）

目录 CONTENTS

前言

第一章　中国影视产品走出去现状 / 001

第一节　中国影视产品走出去的发展历程与理念嬗变 / 003

第二节　影视产品走出去与中国故事传播 / 009

第三节　中国影视产品走出去的现实挑战与发展重点 / 019

第四节　中国影视产品走出去的主要风险点及应对策略 / 028

第二章　全球影视产品走出去现状与成功经验分析 / 037

第一节　国际影视产品竞争的格局与维度 / 039

第二节　英国影视产品走出去的创新基因与内生动力 / 048

第三节　国际知名媒体在影视产品走出去中的合作传播策略 / 054

第三章　新兴媒体发展与国际影视产品走出去 / 063

第一节　新兴媒体背景下国际影视产品领域竞争的新特点 / 065

第二节　新兴媒体背景下影视产品的市场逻辑与用户思维 / 073

第三节　美国奈飞公司的海外市场发展策略及其对国际传播的启示 / 082

第四节　新兴媒介环境下影视国际传播的媒体监管与法律规制研究 / 091

第四章　国际合拍与影视产品走出去 / 097

　　第一节　国际合拍与影视产品国际化及走出去 / 099

　　第二节　电视剧国际合拍与输出策略——以英剧在美传播为例 / 105

　　第三节　中国纪录片国际合拍的发展及策略 / 111

　　第四节　动画片国际合拍与价值传播 / 117

第五章　国际传播视角下影视产品走出去的策略与路径 / 125

　　第一节　产品内容的精品策略与市场路径 / 127

　　第二节　分发渠道的多元策略与融合路径 / 134

　　第三节　"电视中国剧场"模式的创新分析 / 145

第六章　跨文化视角下影视产品走出去策略与路径 / 151

　　第一节　影视国际传播中的跨文化问题 / 153

　　第二节　影视内容制作的跨文化策略 / 162

　　第三节　"一带一路"背景下的影视产品走出去 / 172

第七章　产业视角下影视产品走出去的策略与路径 / 183

　　第一节　中国影视产品走出去的宏观策略 / 185

　　第二节　中国影视产品走出去的微观策略与发展路径 / 193

结　语 / 201

主要参考文献 / 207

后　记 / 213

前　言

　　随着中国国际地位的提升，影视产品走出去在塑造国家形象、传播中国声音、弘扬中国文化方面承担日益重要的使命。习近平总书记在十九大报告中提出，推进国际传播能力建设，讲好中国故事，展现真实、立体、全面的中国，提高国家文化软实力。影视产品走出去是国家整体国际传播能力建设的有机组成部分，也发挥着独特的作用。近年来，中国影视产业稳步发展，综合实力显著提升。根据2018年数据，中国传统电视台/网络电视平台的节目支出总额在2017年为109亿美元，其中传统电视台节目支出总额为64亿美元，网络电视平台节目支出总额为45亿美元。就全球范围来看，中国传统电视台/网络电视平台的节目支出总额在全球位居第二。美国和英国分列第一和第三位，其中美国为583亿美元，英国为100亿美元。[①] 中国影视产业的发展无疑为中国影视产品走出去提供了坚实的基础。另一方面，中国影视产品走出去面临着整体国际外交环境的变化和传播媒介环境的变化，这是不容错过的历史机遇。中国影视机构需勇于担当、积极变革，尤其要在内容生产和传播路径等方面积极创新，在市场拓展和文化跨越两个方面实现突破。

　　影视产品有广义和狭义两个不同范畴的概念。广义的影视产品包括影视直接产品和影视衍生产品。其中，影视直接产品是影视剧本身以及通过复制的手段延展的商品，包括录像带、DVD等；影视衍生产品是指影视版权衍生

---

① 参见：www.broadbandtvnews.com/2018/08/20/chinas-tv-programming-market-is-second-only-to-the-us。

而成的产品,包括与影视作品相关的人物形象、场景、道具等为核心产品概念开发出来系列产品等。① 本书中影视产品采用的狭义范畴的概念。本书拟系统梳理影视产品的概念内涵与嬗变,阐释影视产业与影视产品走出去的发展历程,研究世界主要国家的影视产品传播现状与策略,分析新兴媒体时代影视产品跨国传播的现状与策略,最后提出我国影视产品走出去的策略建议,等等。鉴于影视产品走出去隶属于国际传播的框架,也与跨文化传播密切相关,本书亦从国际传播和跨文化传播的视角来探寻影视产品走出去过程中存在的问题以及应对策略等。本书按照习近平总书记在哲学社会科学工作座谈会上的重要讲话精神,"以我们正在做的事情为中心,从我国改革发展的实践中挖掘新材料、发现新问题、提出新观点、构建新理论","提炼出有学理性的新理论,概括出有规律性的新实践",立足中国影视产品走出去的实践经验,着眼国际传播中的新理念新思想新战略,力求体现原创性、时代性。

影视产品走出去肩负着双重使命:一方面要服务国家外交大局,传播核心价值,提升文化软实力;另一方面要助力影视产业走出去,提升市场规模,提高海外市场竞争力。影视产品走出去在讲好中国故事、加强人文交流、促进民心相通等方面发挥着积极作用,同时也是中国影视产业国际化的重要发展路径。中国影视产品走出去要充分发挥影视作品的文化价值和商业价值,实现增强国际文化认同的目标,即塑造国家形象,彰显文化魅力,传播核心价值,设置话语体系。经过多年发展,我国影视产品的国际认知度、影响力和竞争力得到了显著提升,影视产品传播的深度、广度和效果都得到了有效拓展。目前,中国影视作品已建成覆盖全球的国际传输覆盖网络,进入全球五大洲200多个国家和地区,国际市场不断拓展,题材类型节目形态不断丰富,渠道不断日益多元,国际影响力不断提高。据不完全统计,2013年全国影视内容出口约6066万美元,2014年约7976万美元,2015年约1.14亿美元,2016

---

① 赵玉宏:《影视产品跨文化传播与我国文化软实力建设》,北京:经济日报出版社2015年版,第12页。

年约 1.21 亿美元，2017 年出口额达 1.22 亿美元，比 2013 年翻了一番。优秀国产影视产品在海外的热播，也有效地传播了中国文化。以非洲为例，中国不少影视剧在多个国家受到广泛欢迎，上至总统，下至普通老百姓，都对影视剧中的中国文化价值观表示赞同。阿拉伯语版《金太狼的幸福生活》在埃及播出后，埃及国家电视台台长马基迪·拉辛说："埃及和中国都是历史悠久的古国，都拥有伟大灿烂的文化，双方在传统文化、习俗、价值观上有很多相似之处，中国电视剧中出现的俗语和警句在埃及也有相似表达，埃及观众很容易理解和接受中国文化。"

值得一提的是，中国影视机构和民营文化企业积极创新走出去方式，充分利用新兴媒体平台拓展走出去的渠道。2018 年 8 月，爱奇艺与新西兰航空宣布开展内容战略合作，爱奇艺优质内容登陆新西兰航空机上娱乐系统，由此成为首个登陆新西兰航空机上娱乐系统的亚洲视频公司。在新兴媒体平台方面，2018 年 9 月，《天盛长歌》被美国奈飞公司购买海外播出版权，并于 9 月 14 日在海外首播。该剧由华策克顿集团辛迪加影视和东申影业、好麦文化、爱奇艺、中文在线、新影联文化出品。此前，美国奈飞公司已于 2015 年购买《甄嬛传》，随后又于 2017 年购买过《白夜追凶》。除了美国奈飞平台，中国影视剧近年来还大规模进入美国、日本、印度尼西亚、菲律宾等国的网络电视平台。中国影视产品越来越受到海外网络视频平台的青睐，这一方面说明中国影视机构和民营文化企业在渠道拓展方面的成效；另一方面也说明中国影视产品的质量和影响正在提升。

与此同时，中国影视产品走出去仍存在诸多不足，面临多方面挑战。在媒体全球化、传输网络化、传播移动化的背景下，西方媒体强国在影视国际竞争中具备了更多优势。另一方面，中国影视机构和文化企业在影视产品走出去方面还处在成长期，我国影视产品在国际市场上的竞争实力还有待提升。我们也需要认识到，影视产品走出去流程复杂，涉及因素众多，需要统筹考虑、综合施策。就国际因素而言，影视产品走出去涉及：国际关系与国际形势、国际组织和国际法;就国内因素而言,影视产品走出去涉及:出口国的媒体机构、渠道、出境策略、政府政策和市场等,以及进口国的进口政策、受众喜好等。具体如图所示:①

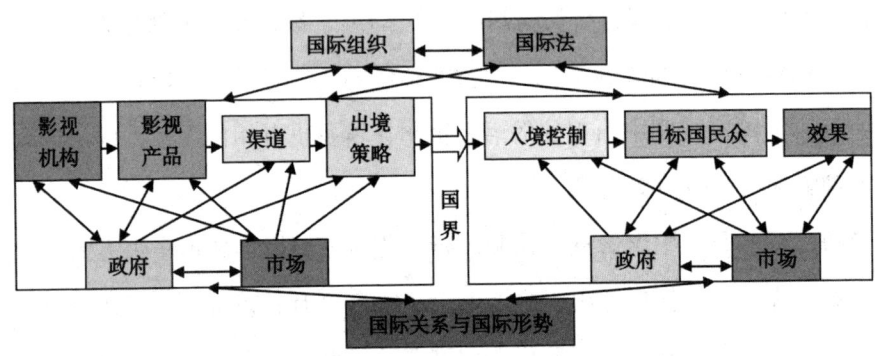

影视产品走出去的流程和影响因素

影视产品是文化产业的有机组成部分。联合国教科文组织认为,文化产业是指"按照工业标准,生产、再生产、储存以及分配文化产品和服务的一系列活动"。② 目前,我国影视产品走出去的职能定位更多地侧重于宣传、文化传播等方面,对文化产品贸易重视不够,很少从市场的角度去考虑中国文化产品走向世界市场的问题。在此背景下,当前中国影视产品走出去要在四个方面集中发力。一是提升影视产业水平,依托精品、打造品牌。我国影视产品打开国际市场的前提和基础在于发展国内影视产业,从而为"走出去"提供源源不断的精品力作、资本、人才等,这也是西方发达国家的基本策略。以美国为例,为了提高商业力量在世界传播中的地位,美国率先重组其传播产业。此外,美国努力促使世界各国纷纷放开广播电视与通讯管制,一些国

---

① 本图参考了关世杰教授的国际传播模式(关世杰:《国际传播学》,北京:北京大学出版社2004年版,第32~33页)。

② 转引自赵化勇主编:《中央电视台品牌战略》,北京:中国广播电视出版社2008年版,第329~330页。

家甚至将国家所有的传媒公司私有化,从而构建国际化的市场。①据了解,20世纪80年代美国国内票房占电影业收入的70%。在开拓海外市场后,美国海外票房年增长率为6%~7%,目前美国国内票房只占其总收入的30%。鉴于此,中国影视产品"走出去"的首要策略是提升国内产业化水平,与此同时,要重视品牌建设,通过精品培育市场,通过品牌占领市场。目前,我国在非洲和周边一些国家积极推进实施"中非影视合作工程"或《电视中国剧场》项目,通过持续播出中国影视产品,产生一定的规模效应,并通过精品节目塑造品牌、提升影响。例如,云南广播电视台在进入老挝市场之初,播出了一大批代表我国影视制作高水平的节目,如《大闹天宫》《舌尖上的中国》《木府风云》等。与此同时,针对老挝发展农业的需要,从2017年3月4日开始在老挝国家电视台播出《中国农场》栏目。未来,中国影视产品要提升产业化水平,加强品牌建设,提升市场竞争力。

二是强化影视作品的国际导向,诉诸情感、强化认同。中国影视产品"走出去"要克服制度、文化等方面的差异,充分考虑目标国的文化特点和民众心理特征,注重选择那些反映人类情感和文化价值观共同点的节目,提升其认同感。例如,《北京青年》在蒙古国播出时受到热烈欢迎,正是因为剧中几位主角真诚、友善、勇敢和执着在观众中产生了广泛共鸣;《产科医生》在东南亚取得了较好的收视表现,就因为该剧反映了人类情感中的共同点。20世纪80年代早期,日本电视剧《阿信》在多国引起轰动。该片讲述了一个日本女孩被拐卖为奴役,后来又奋力摆脱卑贱贫苦的故事。该片于1987年在伊朗首播,取得了万人空巷的播出效果。分析认为,《阿信》在伊朗的成功归功于片中女英雄的品质,包括女性的顺从,这与伊朗价值观具有很高兼容性。②不同国家观众对于影视产品的内容需求和欣赏习惯不尽相同,一部电视剧、电

---

① 张开:《全球传播学》,北京:中国广播电视出版社2013年版,第30页。
② [加]马修·弗雷泽著,刘满贵等译:《软实力:美国电影、流行乐、电视和快餐的全球统治》,北京:新华出版社2006年版,第172~173页。

影或纪录片并不能包打天下。《媳妇的美好时代》在一些非洲国家广受欢迎，但在智利却遭遇冷门，智利TVN电视台甚至拒绝引进该剧，认为其节奏太慢，不符合当地观众的收视习惯。因此，要强化不同国家传媒政策，尤其是影视节目引进政策的研究，并对观众的文化习俗、欣赏习惯、内容需求等进行深入分析，提高传播的针对性。

三是改进影视产品的营销方式，锁定目标、精准传播。影视产品"走出去"涉及很多环节和程序，并非只是在电视台或网络平台播出。若要取得海外观众的认知，首先就要强化推介，注重市场营销。其次，要有的放矢，针对目标观众群体的需求提供相应的节目。美国思科瑞珀斯集团国际业务总裁吉姆·桑珀斯（Jim Samples）表示，其频道和节目在海外市场之所以能取得成功，关键在于他们对于目标观众有精准、严格的细分，基于观众细分进行节目内容制作和编排，从而让每一个专业或主题频道在该领域处于领先地位。中国影视产品在面向海外推广和销售时，也要精准锁定目标，实施差异化营销策略。例如，东南亚对于中国古装剧的需求较大，但蒙古国对古装剧的接受度较低，更青睐中国的现代剧，因此就要针对这两个不同市场推介和销售相应类型的影视节目。

四是注重主体和渠道的多元化，多措并举、立体覆盖。在以宣传为主要导向的时代，中国影视节目"走出去"主要依托国有媒体和机构，并从政策、资金、人力等方面给予大力支持。相比之下，民营文化企业没有获得足够的重视。毋庸置疑，民营文化企业在适应国际竞争环境，推动中国节目"走出去"方面具有独特的优势，应该获得与国有媒体相似的支持，并由此推动"走出去"主体的多元化。例如，印度商业集团在推动印度影视作品海外传播方面就发挥了重要作用。以非洲为例，印度Zee集团持续加大了影视频道和节目的输出力度。2017年1月，Zee集团在非洲Kwese TV平台上推出了两个新频道：宝莱坞电影频道（Zee Bollymovies）和宝莱坞小说频道（Zee Bollynova）。2017年3月，印度Zee集团在马里数字地面电视平台TNTSAT上推出了两个频道:奇幻频道(Zee Magic)和电影频道(Zee Cinema)。另外,影视产品"走出去"的渠道也要多元化,除了产品销售、频道合作、栏目合作,还要积极开拓新兴媒体渠道,包括在线回看业务和网络电视点播业务,充分发挥传统渠道和新兴渠道的优势。

影视产品走出去的研究视角较为多元,既可属于国际传播、文化传播的范畴,也可以属于公共外交的领域,还可以从国际贸易角度进行分析。本书中使用"产品"这个概念来阐释中国影视对外传播,并非意在强调"文化产业"与国际传播的内在关联,或中国影视领域的国际贸易发展。另一方面,本书十分肯定影视产品在国际传播和公共外交中的特殊作用。有学者认为,外交中一类文化手段是常说的政府主导下的对外文化交流,其主要形式有六种:文化产品的国际贸易、国际教育交流、传教、语言推广、文化艺术交流和体育交流。[1]文化产品的国际贸易被摆在了六种主要形式的首位。影视业本身就可以归纳为"文化"这个范畴,当然此处是指广义上的"文化"。有学者认为,关于"文化"有两种相去甚远的观点,一种将文化视为霸权,关乎物质生产、再生产以及消费;另一种将文化视为结构,关乎文本的解码。[2]以 S. 霍尔(S. Hall)为代表的伯明翰学派认为:大众传播可以分为两个部分:一部分是文化产品的生产过程;另一部分是文化产品的消费过程。信息符号与某种价值体系或意义体系(meaning system)相结合。[3]文森·莫斯可(Vincent Mosco)认为:"传播是一种相当特殊的、十分强大的商品,因为它除了能生产剩余价值之外(由此看来,它与其他任何商品相同),还制造了符号和形象,其意义能够塑造人们的意识。"[4]与此同时,影视产品也可以视为"文化产品",是"文化产业"

---

[1] 彭新良:《文化外交与中国的软实力:一种全球化的视角》,北京:外语教学与研究出版社2008年版,第259页。
[2] 韩瑞霞:《美国传播研究与文化研究的分野与融合》,北京:中国大百科全书出版社2014年版,第176页。
[3] 关世杰:《国际传播学》,北京:北京大学出版社2004年版,第107页。
[4] 转引自袁靖华:《媒介愿景论:社会转型时期的媒介组织管理》,北京:中国传媒大学出版社2009年版,第102页。

的有机组成部分。由此，本书不得不提及文化领域和传媒领域关于"文化产业"的相关理论和观点。1947年，麦克斯·霍克海默和西奥多·阿多诺创造了"文化工业"一词，用来指称大众文化的产品和过程。他们认为，文化工业产品具有两大特征：文化同质性，"电影、广播和杂志共同组成了一个不论在整体上还是每一个部分都很一致的体系……所有的大众文化都是同一的"和可预料性。[①]他们也是法兰克福学派的代表性人物。法兰克福学派对于"文化工业"的最重要的认识就是艺术作品的商品化，而商品化又导致艺术作品的同质化，由此艺术的个人主义和对抗性彻底消失。另一方面，艺术作品的消费是维护社会权威和现有体制的最好手段。[②]概言之，"影视产品"涉及非常深远的理论渊源和多元的学术流派，可以从多个角度进行研究和阐释。本书主要是从国际传播的视角出发，结合中国的现实国情和传播实践来分析影视产品走出去的现状、策略和路径，同时分析国际上的成功案例。

目前，国内学者较少从国际传播和跨文化传播的视角来研究影视产品走出去。笔者在2018年6月以"影视产品"和"国际传播"为主题词在知网上进行检索，仅有14篇论文。以"影视产品"和"跨文化"为主题词在知网上进行检索，有19篇论文。这些论文多为案例分析，例如《浅析我国影视作品跨文化传播策略创新——以电影〈花木兰〉〈孔子〉为例》（杨铮，载于《媒体时代》2010年12月刊），主要是以两部电影为案例，从跨文化的视角对中国影视产品走向国际市场提出了策略建议。这些论文中也有从宏观视角来分析影视产品跨国传播的策略与举措，例如《中国影视节目国际传播的特殊性和路径选择》（王文娟、崔潇，载于《华夏教师》2015年第4期），分析了中国影视节目的国际传播在制度、文化、市场等领域的特殊性，提出开拓国际市场的战略选择。目前，国内已有研究成果尚没从国际传播和跨文化传播的

---

① ［英］约翰·斯道雷著，杨竹山、郭发勇、周辉译：《文化理论与通俗文化导论》，南京：南京大学出版社2001年版，第144页。

② 杨击：《传播·文化·社会》，上海：复旦大学出版社2006年版，第29页。

视角来分析影视产品走出去的代表性专著,更多的是从跨文化传播的视角来分析影视产品跨国传播,或者国际传播的视角来研究电视频道、节目等。例如《影视产品跨文化传播与我国文化软实力建设》(赵玉宏,经济日报出版社2015年),该书分析了我国依托影视产品内容传播和影视产品国际贸易现状,从影视产品走出去的角度来研究跨文化软实力建设;影视产品是载体,跨文化传播是路径,文化软实力建设是目标。另外,还有部分研究专著是在研究国际传播或跨文化传播时,论及影视产品走出去,而非以此为专论。综上所述,与影视产品走出去、国际传播、跨文化传播的著作和论文较为丰富,但总体而言,将三者进行有机整合的研究成果较少。

本书围绕影视产品走出去这一当前政府、业界和学界都较关心的问题,从国际传播和跨文化传播的视角进行一些尝试性研究,具有实践和理论的双重意义。本书的创新点有以下几个方面:一是本书的研究视角和分析理论具有一定的创新性,在一个实践性很强的主题中增加浓厚的理论色彩。二是从跨文化传播的角度来说,本文将较为系统地结合影视作品走出去进行分析,这有别于跨文化传播通常会聚焦于人机传播的研究路径。本书将结合影视产品的媒体特性,根据跨文化传播的特点,深入分析影视产品开展跨文化传播的规律。三是本书结合了国际传播和跨文化传播,这种交叉研究是对两个领域理论的拓展和创新。具体研究框架和方法参见下图。

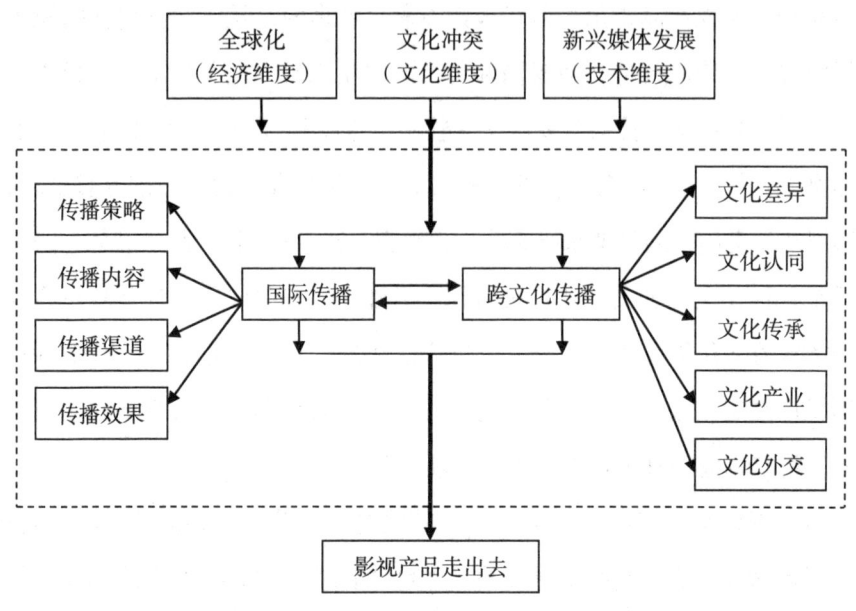

研究内容及关联

本书涉及主题和研究领域较多，需要将理论研究与实证分析相结合，拟采用传播学、新闻学、社会学、经济学等相关学科的方法和原理。本书涉及影视产品在国际市场传播的媒介环境和市场特点研究，管理影视作品国际传播的模式研究，策略对比研究，传播效果研究，宏观战略研究等。为此，本书综合运用文献分析、深度访谈、个案研究等多种方法，确保了研究成果的准确性和有效性。本书的主要研究方法包括三种：一是文献法。文献法主要通过互联网、数据库、图书馆进行文献查询、联机检索和网络浏览，广泛收集国内外相关研究文献，对具有代表性和分析价值的资料进行分析研究，并不断跟踪新信息新动态。二是深度访谈。深度访谈主要对影视机构和文化企业高管和相关具体业务工作人员等就相关主题，以半结构式方式进行访谈，了解影视产品走出去的现状、主要困难和挑战以及未来发展规划等。三是个案研究。个案研究主要对国际上的成功模式、作品、机构进行研究，分析其在节目内容制作、市场营销方式、国际合作模式等方面的成功经验。本书在研究过程中尽可能全面地分析了国内外的成功案例，包括"电视中国剧场"等，力求从中归纳总结有益经验，形成有中国实践特色的中国理论。

本书主要包括七章。第一章是分析中国影视产品走出去的概况，着重阐释中国影视产品走出去的发展历程与理念嬗变，分析影视产品走出去与中国故事传播的内在关联，探讨中国影视产品走出去的现实挑战与发展重点，最后深入研究了中国影视产品走出去的主要风险点及应对策略；第二章主要分析全球影视产品走出去的现状与成功经验，从案例分析的视角研究了英国影视产品走出去的创新基因与内生动力，也阐述了国际知名媒体在影视产品走出去中的合作传播策略；第三章是关于新兴媒体发展与国际影视产品跨国传播。在本章中，笔者主要探讨了三个问题：一是新兴媒体背景下国际影视产品领域竞争的新特点，二是新兴媒体背景下影视产品的市场逻辑与用户思维，三是新兴媒介环境下影视国际传播的媒体监管与法律规制研究。通过以上三个角度的分析，本章试图系统阐释新兴媒体对于影视产品走出去的影响；第四章着重研究国际合拍，并从国际合拍的视角来探讨影视产品走出去的策略与路径。国际合拍对于促进影视产品的国际化具有重要作用，借此助推其走出去。当前，国际合拍是西方大国开拓市场、输出影视产品的重要策略，本章的案例分析即聚焦英国影视剧在美国的策略。另外，本章还分析了纪录片和动画片的国际合拍、市场拓展等问题；第五章主要分析国际传播视角下影视产品走出去的策略与路径，包括产品内容的精品策略与市场路径、分发渠道的多元策略与融合路径，同时结合"电视中国剧场"的成功经验探索影视产品走出去的模式创新；第六章是关于跨文化视角下影视产品走出去的策略与路径，重点分析影视国际传播中的跨文化问题以及影视内容制作的跨文化策略，同时结合当前"一带一路"这一重点概念分析影视产品进入"一带一路"国家的挑战和策略等；第七章着重分析产业视角下影视产品走出去的策略与路径，包括宏观视角下的策略和微观视角下的策略及发展路径。

本书在写作过程中结合了笔者在国家广电总局、中央电视台的实践经历，同时也充分吸收了笔者在日常学术研究中的一些成果，力求强化本书的实践指导性和理论创新性。但囿于本人学识水平、专业背景、学术素养和研究条件等，本书难免存在诸多不足，请读者不吝赐教，以期改进提高。

本书系国家社科基金重大项目"一带一路背景下中国价值观的国际传播研究"（项目批准号：17ZDA285）的阶段性研究成果。

第一章

中国影视产品走出去现状

影视产品走出去是电视国际传播的重要形式和构成，换言之，电视国际传播是电视频道、影视产品和服务跨国输出的一种传播活动。电视国际传播在政治层面上有助于塑造国家形象和强化国际话语权，在文化层面上具有促进文明交流互鉴和民心相通的作用，在经济层面上通过影视产品和服务出口拓展国际市场。

第一节　中国影视产品走出去的发展历程与理念嬗变

在当前国际传播竞争领域，影视产品和新闻一样是竞争的热点，这既是基于文化竞争的考虑，也是缘于商业利益的权衡。长期以来，我国影视产品走出去主要遵循"外宣"模式，被当作宣传品赠送给目标国媒体播出，或者在目标国媒体租赁时段播出。作为文化交流，这无可厚非。但从产业发展的角度来看，影视产品只有赋予"产品"定位，参与国际影视市场竞争，才能倒逼国内影视产业的发展，进而提升影视产业在国际上的整体竞争力，也才能为我国影视产品走出去以及文化软实力和国际传播等工作提供有力支撑。

一、中国影视产品走出去发展历程与定位变迁

中国影视产品走出去与中国电影和电视事业的发展密切相关，中国电影已经有一百多年的历史，中国电视也有近70年的历史。"文革"结束后，中国影视产品创作迎来了一个高速发展的时期。从1984年到1990年几年间，

共生产了1156集电视剧,其中不乏《今夜有暴风雨》《四世同堂》《新星》《红楼梦》《努尔哈赤》《凯旋在子夜》《末代皇帝》《围城》《辘轳·女人和井》《焦裕禄》《宋庆龄和她的姐妹们》《渴望》等一大批优秀精品力作。① 随着1992年市场经济体制的确立,影视作品的市场属性被逐渐认知和认可。1996年9月,当时的国家广播电影电视部主办了一次"全国国产电视节目展示交易会",共有303家单位参加,参加展示交易的节目共计16169部集,其中电视剧9528部集。这次展示交易会将市场机制引入电视剧的流通环节,为建立全国性的电视剧市场进行了有益尝试。② 随着影视制作能力的增强,影视产品走出去具备了相应的基础。在最初阶段,中国影视节目完全是被当作外宣品推送出国门的。从1949年到1966年这17年间,影片的主要内容是"宣传毛泽东思想、宣传我国革命建设的成就与经验,宣传我国人民革命的精神面貌",③ 这期间,中国共向84个国家和地区输出长短片1231个、7770部次。④《平原游击队》《铁道游击队》《万水千山》《红色娘子军》《董存瑞》《白毛女》等影片得到了亚洲、非洲、拉美国家观众的欢迎,尤其是《上甘岭》《战上海》和《海鹰》等反美题材的影片最受欢迎。走向国际的影片包括故事片、舞台艺术片、纪录片、美术片、科教片、风光片等。⑤ 20世纪60年代,我国电视机构同世界33个国家的电视机构建立了购买或交换电视节目关系,通过"出国片"这种特殊时代背景下的特殊载体,走出了中国影视作品"走出去"的第一步。⑥

"文革"结束后,影视产品走出去开始面临新的形势和任务,操作的理念和措施也做了相应调整。1979年8月底,全国电视节目会议刚结束,时任中央电视台副台长戴临风一行即赴香港:一是买回急需的国外影视剧,二是通过

---

① 张国涛主编:《传播文化:全球化与本土化》,北京:中国传媒大学出版社2010年版,第63页。
② 刘习良主编:《中国电视史》,北京:中国广播电视出版社2007年版,第382页。
③ 文化部党组:《关于电影工作的报告》,内部文件,1965年7月。
④ 吴瑞庭:《当代中国电影与电影的国际交流》,载于《当代外国影视艺术》1995年第199期。
⑤ 孙向辉、张岚:《中国电影的国际传播:历史、现状与对策》,载于胡正荣、李继东、姬德强主编《中国国际传播发展报告(2014)》,北京:社会科学文献出版社2014年版,第133页。
⑥ 张长明:《传播中国:二十年电视外宣亲历》,北京:人民出版社2011年版,前言。

节目交易学习境外同行如何做影视生意。过去,中国在对外节目输出上着眼于宣传,不取分文;在经济杠杆开始调整利益关系的时代,电视业也认识到了电视节目不仅有宣传价值,还可以开发其市场价值,从而解决一部分经费短缺问题。① 随着改革开放的深入,影视产品"走出去"的理念开始进入深刻的调整期。此后,全球化的稳步推进以及中国融入国际市场程度的稳步加深,中国对于影视作品的理解进一步得到深化。在这方面,美国的影响不容忽视。美国认为影视制作和发行属于娱乐产业,娱乐产业生产的产品与其他行业的产品没有任何差异。② 在经济全球化、文化产品商业化的形势下,文化产品出口多,自然会使其文化得到传播和弘扬。这加剧了全球文化发展的马太效应。③ 此后,学界、业界以及政界对于影视节目"走出去"有了进一步的理解,即不仅要把电视节目看成是宣传品和作品,还要看成一种打入国际市场的内容产品和文化产品。国际市场是检验影视节目的风向标和重要标准,只有受到国外观众的欢迎才能证明你的影视节目不仅"走出去"了,而且"走进去"了。因此,中国电视必须创建对外传播新的运营模式,建立一个跨国界、跨体制、跨行业的国际传媒产业。④ 经过持续探索和努力,中国影视节目的出口实现了稳步增长。

二、中国影视产品走出去的主要机遇

当前,中国影视国际传播环境的主要变迁和机遇集中体现在两个方面:一是外交大局和国际地位;二是技术变革和传播形态。当前,这两个方面正为中国影视国际传播的发展提供了巨大机遇。

---

① 刘习良主编:《中国电视史》,北京:广播电视出版社2007年版,第165页。
② [加]考林·霍斯金斯、斯图亚特·迈克法蒂耶、亚当·费恩:《全球电视和电影产业经济学导论》,刘丰海等译,北京:新华出版社2004年版,第9页。
③ 关世杰:《中国文化国际影响力调查研究》,北京:北京大学出版社2016年版,第16页。
④ 谭天、于凡奇:《从"走出去"到"走进去"——论中国电视对外传播的策略创新》,《中国电视》2009年第8期,第46页。

1. 外交大局和国际地位

近年来，中国特色大国外交稳步推进，全方位、多层次、立体化的外交布局已然成型，为国家发展营造了良好的外部环境。在中国特色大国外交战略的指引下，中外人文交流机制和媒体合作机制蓬勃发展。截至2017年11月，作为影视领域的行政主管机构，国家新闻出版广电总局参加了中俄、中欧、中英、中法、中意、中国—中东欧、中印尼等中外人文交流机制，影视交流合作日趋机制化，有效推动了影视国际传播和中国文化走出去。

综合经济实力的增长和国际地位的提升也有效推动了中国影视国际化，拓展了国际合作深度和广度。以纪录片合拍为例，纪录片是外国观众了解中国历史与现在的一种影视内容形态，文化感召力和穿透力不容忽视，在跨文化传播中具有较高的接受度。从20世纪80年代开始，纪录片一直是中外合拍的重要影视体裁。进入21世纪后，中外合拍的纪录片更是呈现爆发增长态势，其中的一些代表作包括中英合拍纪录片《孔子》、中国与澳大利亚合拍纪录片《改变世界的战争》、中国与奥地利合拍纪录片《丝路传奇》、中美合拍纪录片《地球宝藏》《一带一路》等。在动画片领域，2017年9月，中俄首部合拍动画片《熊猫与开心球》正式启动。此前，中国已与多个国家在动画电影和动画片领域开展合作，包括由中、美、俄三国顶级动画团队制作的3D合拍动画电影《超能太阳鸭》、中俄制作的动画电影《冰雪皇后3》、中国和捷克合拍动画片《熊猫与小鼹鼠》、中国和沙特首部合拍的动画片《孔小西与哈基姆》等。就电影而言，2017年10月，由中国导演贾樟柯监制、金砖五国导演首次合作拍摄的电影《时间去哪儿了》在全国上映，该片此前在6月金砖国家电影节上获得广泛关注。2012年以来，中外合拍电影从探索阶段逐步走向成熟，并涌现了一批精品力作，包括中法合拍电影《狼图腾》、中美合拍电影《长城》等。截至2017年，中国已与16个国家签署了电影合拍协议。

2. 技术变革和传播形态

新兴媒体的发展为电视国际传播提供了新的机遇，正如美国哥伦比亚广播公司（CBS）研究总监大卫·波尔特拉克所说，互联网时代的技术发展极大拓展电视台的节目分发渠道和内容增值空间，电视正进入了一个黄金时代。同样，新型媒体及其相关技术也为电视对外传播带来新的发展机遇。一是传播距离不再是问题，易触易达。地理空间距离是国际传播的一个重要制约因素，长期以来限制着国际传播的发展。当前，互联网在物理层面将世界各国联结在一起，成为国际传播的渠道。而且，互联网在节目传输质量和播出效果上已完全可以达到观众的要求。互联网的发展以及移动终端的普及让观众获取国际新闻的途径更为便捷，全球化的媒介环境也推动了影视产品的传播和消费。二是收看方式更为自主，随播随看。在互联网时代，观众在节目选择和收看方式上有了更大的自主权与主动权。视频点播业务等时移播出方式让观众摆脱了直播线性频道对于收视时间上的限制，大大方便了观众的错时收看，也在一定程度上刺激了观众的收看兴趣，增加了观众的收视时间。

三、中国影视产品走出去的突破点在于商业模式与市场路径

基于对影视领域国际竞争规则的深刻认识，以及国内影视产业的稳步发展，中国影视产品走出去越来越重视市场路径，通过与境外影视机构的商业合作和市场手段，以多元化的方式有力推动中国影视产品的海外发行和播出，这也是中国影视产品走出去的突破点。以中国国际电视总公司为例，该公司作为中国影视节目出口的中坚力量，近几年开始探索版权销售、频道经营和栏目运营等方式推动中国影视节目的"走出去"和"走进去"。截至2018年，中国国际电视总公司已经在海外开办了三个频道，即印度尼西亚"Hi-Indo！"频道、柬埔寨"Hi-Cambo！"综艺娱乐频道和纪录频道。其中，印尼"Hi-

Indo！"频道开办于2015年5月28日，每天以印尼语首播6小时中国节目。柬埔寨"Hi-Cambo！"综艺娱乐频道和纪录频道都开播于2016年8月26日，每天首播10个小时，全天24小时播出。另外，该公司还在南非、阿联酋、捷克、尼泊尔、英国和塞尔维亚与当地电视台合作，以"中国时段"的概念运营了多个栏目。通过经营频道和时段，中国国际电视总公司拓宽了海外的影视节目出口收益渠道，从单纯的版权销售拓展到了广告收益、付费用户收视费收入等。除了中国国际电视总公司之外，国内电视台也积极发挥自身资源优势，创新影视节目"走出去"的新模式和新路径。例如，江苏广播电视台于2015年11月在纳米比亚国家电视台第三套节目开办了《中国时段》项目，每周一和五播出《中国电视剧场》栏目，在周六播出《中国电影》栏目。另外，江苏广电国际传播有限公司与香港电讯盈科媒体有限公司合作，各出资1000万元在香港注册成立合资公司，并基于电讯盈科的Now Tv电视平台，开办一套整合国内优质综艺节目的付费频道"紫金国际台"，覆盖向香港、马来西亚、泰国、新加坡等"一带一路"沿线国家和地区。江苏广电重点负责节目的整合、编辑加工，电讯盈科重点负责平台海外销售和推广。公司通过用户订阅费、广告费、商业项目等方式盈利。紫金国际台于2015年2月在香港、马来西亚和泰国开播，2016年8月在新加坡开播，频道通过固话网络、宽频互联网、电视以及移动网络进行分众传播，实现了对海外主流人群全媒体"四网合一"覆盖，受到海外观众普遍欢迎。频道以受海外市场欢迎的娱乐节目为主打内容拓展国际市场，同时注重我国传统文化和现代主流价值观的传播。紫金国际台在香港、马来西亚、泰国和新加坡都已进入当地主流收费电视平台播出，在已覆盖平台上的用户数位居综艺类频道第一阵营。另外，湖南广播电视台、广西人民广播电台、云南电视台、上海广播电视台等都在积极推进影视节目"走出去"，创新理念，开拓渠道，推动影视产品在国外首先市场销售与文化传播的双丰收。

第二节 影视产品走出去与中国故事传播

当前,国际传播能力建设是国家对外传播工作的重点任务,也是我国综合实力增长和国际地位提升的必然选择。影视产品的输出和国际电视频道的播出是电视国际传播的主要方式,也是传播好中国新时代声音、讲述好中国新征程故事的重要手段。当前,国际社会对我国的关注日益增长,为有效回应这种关注,更为了向海外民众展现真实、立体、全面的中国,影视产品输出正扮演着日趋重要的角色。另一方面,影视产品和新闻产品是电视国际传播的两种主要产品类型,前者主要立足于文化传播,后者则注重话语权构建。值得一提的是,影视产品是欧美国家传播文化、输出价值观的重要载体,借助全球化的深入推进不断拓展其市场的广度和深度,并已取得了显著而深远的传播实效。我国影视产品也肩负着传播中华文化、讲好中国故事的重任,无论是在器物层面还是在价值观层面都要积极作为,为我国文化软实力的稳步提升提供基础和助力。近年来,中国影视节目和服务出口逐年递增。据2018年的不完全统计,2013年全国影视节目出口约6066万美元,2014年约7976万美元,2015年约1.14亿美元,2016年约1.21亿美元,2017年出口额达1.22亿美元,比2013年翻了一番。2018年6月11日,在第24届上海电视节台长论坛上,国家广播电视总局副局长张宏森强调,广播电视作为大众传媒,要始终做中国故事的生动讲述者。

一、影视产品的双重属性与中国故事传播

长期以来,我国广播影视走出去主要采取"外宣型"模式,将宣传中国

作为主要任务。从国际市场特点以及我国国内产业发展需要出发，我国广播影视走出去要逐渐转变为外宣与外销并重，这是由影视产品的双重属性和双重任务所决定的。

1. 影视产品的外宣属性与中国故事传播

影视产品首先具有外宣属性，承担着外宣使命，要服务国家外交大局，传播中国故事、输出核心价值，提升文化软实力。习近平总书记在文艺工作座谈会上的重要讲话中指出"文艺是不同国家和民族相互了解和沟通的最好方式"。中国影视产品是彰显中国特色社会主义道路自信、理论自信、制度自信、文化自信的重要渠道，是促进"中国梦"与"世界梦"相连相通生动的载体，是中国故事传播的有效路径。2014年，习近平主席访问拉美，为拉美人民带来的国礼是中国影视剧《北京青年》《老有所依》《失恋33天》，这是中国影视剧第一次作为国礼出现在世界舞台。"非洲晴雨表"（该机构是由非洲30多个国家知名智库和研究机构组成的独立的非盈利性研究机构）的一项调查显示，中国的美誉度在坦桑尼亚从2015年起超越美国、英国，连续排名第一，中国影视文化的影响力是其中重要的因素之一。坦桑尼亚达累斯萨拉姆大学的学生看了斯语版的中国电视剧后大大改变了他们以往对中国片面、过时的印象，节目展现的中国当代社会发展让其更增加了对中国的向往。中国影视产品让海外观众直观地了解到一个真实、多元的中国，在海外塑造良好的国家形象，讲述了立体、多彩的中国故事。

中国故事的传播形式多样，其中影视产品具有直观、形象、生动的特点，也较为容易取得效果。2013年12月，法语版《媳妇的美好时代》在塞内加尔播出，大大提升了该国观众对中国当代社会和中国文化的认知。豪萨语版中国电视剧《北京爱情故事》在尼日利亚播出，受到热烈追捧，尼日利亚观众为中国人在解决家庭矛盾中所表现出的幽默与机智喝彩，中国青年人的情感与奋斗的故事成为当地百姓津津乐道的话题。尼日利亚纳萨拉瓦州卡鲁镇的观众乌斯曼说,虽然他在尼日利亚接触过不少中国人,但对中国人的生活几乎一无所知。通过这部电视剧,他对中国年轻人的生活有了深入的了解,尤其是剧中展现的年轻人团结奋斗、尊敬长辈的精神令人印象深刻。优秀国产影视剧在海外的热播,也有效地传播了中国文化。不少作品在国外受到广泛欢迎,上至总统,下至普通老百姓,都对影视剧中的中国文化价值观表示赞同。阿拉伯语版《金太狼的幸福生活》在埃及播出后,埃及国家电视台台长马基迪·拉辛说:"埃及和中国都是历史悠久的古国,都拥有伟大灿烂的文化,双方在传统文化、习俗、价值观上有很多相似之处,中国电视剧中出现的俗语和警句在埃及也有相似表达,埃及观众很容易理解和接受中国文化。目前埃及电视台已经播出的两部中国电视剧受到了埃及观众的喜爱和好评,所以我们还将继续引进中国电视剧,拉近两国人民距离。"

可见,影视产品在传播中国故事、弘扬中华文化方面能以"随风潜入夜,润物细无声"的方式发挥积极作用。

2. 影视产品的产业属性与中国故事传播

影视产品还具有产业属性,承担着外销使命,要助力影视产业走出去,提升市场规模,提高海外市场竞争力。影视贸易是可持续增加国际文化认同的重要途径。对于西方国家来说,影视产品的产业属性被持续彰显和开发应用,在带来巨大经济收益的同时,也传播了西方文化和价值观。1954年,美国哥伦比亚广播公司(CBS)成为世界上第一个将其电视节目输出到国外的电视机构,与紧随其后的全国广播公司(NBC)以及之后的美国广播公司(ABC),以电视节目出口的方式开发全球播出空间。这些电视公司与电影领域拓展一样,选择了在海外广泛设立分支机构的方式在当地开展节目销售。[①]此后,影视产品的跨国输出日趋普遍,成为国际贸易的重要组成部分。1999年,

---

① 张梓轩:《走向世界的中国电视:国际文化贸易的视角》,北京:清华大学出版社2014年版,第4页。

"二战"后成立的关贸总协定发展成世界贸易组织。世界贸易组织与关贸总协定相比,所发生的一个重大变化是由前者的货物贸易扩大到服务贸易,这就使一部分文化产品作为商品进入国际贸易领域。从发展趋势来看,国际文化交流中文化产业产品的交流日益成为国际文化交流的主要形式。传播的形式由过去的花钱去传播文化变为赚钱去传播文化。[1] 当前,美国和英国等都在极力开展影视产品输出工作。根据2018年6月英国市场数据,英国在2016—2017年度的电视内容销售额达到了9.02亿英镑。美国是英国电视内容第一大出口市场,销售额为3.35亿英镑;澳大利亚和法国分别为英国电视内容第二和第三大出口市场,销售额分别为7300万和6000万英镑。就英国内容的购买商而言,亚马逊(Amazon)和奈飞(Netflix)是英国电视内容出口的主要购买商,两家公司的购买额合计达到了2.25亿英镑。[2] 根据2018年市场数据,全球影视娱乐内容消费额从2017年到2021年的复合年均增长率将达到15%,预计到2021年达到4390亿美元。[3] 可见,未来影视产品贸易大有可为,但市场竞争也会异常激烈。

中国影视产品的商业输出可以追溯到20世纪20年代。1923年由任彭年导演、商务印书馆影片部摄制的古装片《莲花落》开启了中国电影国际传播的历史。一位中国商人携此片前往菲律宾等地放映,受到当地华侨的好评,并取得了不错的票房收益,后来这位南洋商人又亲赴上海购买影片拷贝发行至美国。为了迎合南洋华侨的观影趣味,影片类型除了古装神怪片和侦探片以外,也有梅兰芳的《春香闹学》和周信芳的《琵琶记》等戏曲片,以及根据弹词小说改编而成的电影《珍珠塔》《三笑》等。[4] 由于中西方文化差异,

---

[1] 关世杰:《中国文化国际影响力调查研究》,北京:北京大学出版社2016年版,第9页。
[2] 参见:www.rapidtvnews.com/2018062352607/uk-content-sales-continue-to-soar-with-quality-shows。
[3] 参见:www.rapidtvnews.com/2018041351676/consumer-entertainment-content-market-to-see-strong-short-term-growth。
[4] 孙向辉、张岚:《中国电影的国际传播:历史、现状与对策》,载于胡正荣、李继东、姬德强主编《中国国际传播发展报告(2014)》,北京:社会科学文献出版社2014年版,第131、132页。

早期中国电影很难进入欧美电影市场。新中国成立后，中国影视产品的输出主要被赋予"外宣"属性。近年来，随着中国影视产业发展和国际交流增长，中国电视业界越来越重视影视产品的产业属性，积极探索影视产品输出的商业路径。很多业界人士认为，影视产品如果是免费"送出去"，实际效果很难量化和评估；当前需要积极思考和努力探索如何"卖出去"，让当地主流人群有购买的意愿和行为，实现从文化"送出去"到文化"卖出去"转变。当然，只有中国影视产品的整体制作水平和讲故事能力得到全面提升，才会更好地带动内容在海外推广和销售，也才能让中国故事的传播有着更为坚实的基础和更为宏大的前景。

影视作品走出去需要面对国际市场激烈竞争，与欧美、韩日等同场竞技。中国影视作品"走出去"要"走得远、走得稳"，就需要由坚实的产业基础和稳定的海外市场。反过来说，影视产品走出去对于推动国内影视产业发展，尤其对于提升国内影视产业的国际化、全球化具有重要作用。随着我国影视产业发展，影视制作水平稳步提升，在国际市场的竞争力也得到了显著增长。例如，上海克顿在美国 Dramafever 公布的 2017 年全年点击量排行前 15 的节目中，《微微一笑很倾城》和《孤芳不自赏》成为唯一上榜的两部中国电视剧。《微微一笑很倾城》成为 2017 年 7 月~12 月美国 Dramafever 拉美地区点击节目冠军。上海柠萌影视传媒出品的《好先生》被美国 STX 公司买入改编权，将开发成美剧。该公司负责人表示，中国影视产业要多生产"留得下来、走得出去"的好作品，能经受时间的考验，也能突破语言文化差异。中国影视作品需要通过激发产业内生动力，持续强化走出去的实力和在国际市场的竞争力。中国影视作品只有在国际市场的激烈竞争中赢得一席之地，方能在海外形成稳定的影响力，由此持续发挥其在传播中国声音、弘扬中华文化、塑造国家形象的重要作用，更有力地传播中国故事。

二、影视产品输出的模式变革与中国故事传播的路径创新

中国影视产品输出是华夏文明传播的有效路径，为了强化传播实力、提升传播效果，亟须对影视产品输出的模式进行变革，这也是对中国故事传播路径的一种创新。

1. 推进影视产品内容生产模式的供给侧结构性改革，创新中国故事的意义生成路径

和其他类型的产品相比，影视产品尤其独特之处，但也有一般产品的固有特点。影视产品属于"体验产品"，即观众/消费者必须先体验（观看）后才能进行评价，具有这种特点的产品被经济学家称为"体验产品"（Experience Good）。几乎所有的新产品都是体验产品，免费样品、价格促销等举措则是让消费者了解新产品的重要策略。① 但影视产品在每次被消费时都是体验产品，这就要求影视产品要紧密契合受众的需求，换言之，要充分参考受众需求来制作影视产品，推进影视产品的供给侧结构性改革。唯有如此，中国故事的传播才能是"有本之木、有源之水"。

从全国来看，影视产业发达、市场化程度高的地区在影视产品输出方面也较有成效，这一方面归功于产业化、市场化的内生动力，另一方面也归功于国际化的市场对接和出口导向。以上海为例，近年来上海着力推动影视创新发展，强化影视产业内生动力，积极推动影视产品输出，涌现了上海五岸、克顿、柠萌影视、唐人影视等一批有代表性的影视制作和版权出口企业。近两年，上海影视对外传播稳步发展，影视作品走出去的规模显著提升。以上海五岸和克顿传媒为例，上海五岸在 2016 年的节目出口总金额为 84 万美元，

---

① ［美］卡尔·夏皮罗、哈尔·R.范里安著，孟昭莉、牛露晴译：《信息规则：网络经济的策略指导》，北京：中国人民大学出版社 2017 年版，第 4 页。

2017年为1236万美元；上海克顿传媒在2016年的节目出口总金额为121万美元，2017年为886万美元。上海其他影视公司较之几年前也都取得了不错成绩，影视作品走出去整体呈现较好的发展态势。另一方面，上海影视作品除面向东南亚、日、韩等传统市场之外，逐渐拓展至美欧等国家。以克顿传媒为例，该公司的海外市场从几年前的空白状态已发展到了19个国家和地区，播出区域遍布五大洲。

不过与西方国家相比，我国影视产品在供给侧结构性改革方面还相对滞后。西方国家的影视产业起步早、发展时间长，相对较为成熟，在"供给侧结构性改革"方面也走在世界前列，形成了一整套成熟有效的流程、策略和举措。以美国为例，好莱坞大片总能寻求观众市场的最大公倍数和价值取向的最小公分母，力求叙事模式偏向通俗易懂，"情节更简单、动作更激烈"。这些举措成了屡试不爽的国际化配方，确保赢得世界各地观众的喜欢。在市场操作层面，好莱坞的法则是"营销大于影片"，依托遍布全球的发行网，以跨国营销来实现国际化。好莱坞电影基本上做到国内市场保本，海外市场盈利，在全球成为传播美国强势文化的主力军。① 相比之下，目前中国影视产品输出还停留在较低层次上，更谈不上全球定位。基本的操作模式是精选适合国际市场的影视产品进行译制，然后在国际影视节展等平台上寻找买家。

为此，我国影视产业要针对国际市场优化产业发展模式，强化供给侧结构性改革。一方面可以通过国际合作提升影视产品的贴近性。例如，中国优酷公司积极探索国际化的联合制作和联合研发，通过与国际专业人才合作，学习他们讲故事的方法，制作出既符合国际标准、又讲好中国故事的内容产品。另一方面，要运用新技术新方法提升影视产品创作的针对性。例如，影视机构可以通过大数据采集、分析、存储，提供剧本/成片评估、广告植入、制片管理、影视发行、节目采购等专业解决方案，推动影视产品更加符合国

---

① 张国涛主编：《传播文化：全球化与本土化》，北京：中国传媒大学出版社2010年版，第263页。

际市场需求。此外，最为重要的是要有国际视野、国际思维，从全球定位来策划、制作和输出中国的影视产品。一方面根据不同的受众需求提供不同的版本；一个完整的影视产品系列会使媒体机构提供的内容的总价值最大化。另一方面，设计这些版本时要突出不同的受众群体的需求，力求每位受众可以选择最适合自己需求的版本。所有这些策略都服务于核心目标，即通过加大影视产品的销售范围和传播深度，为中国故事的意义生成提供更多路径。

2. 加强影视产品输出渠道模式的融合特征，创新中国故事的传播路径

当前，新兴媒体蓬勃发展，影视产品输出渠道的变革已经进入深水区。正是因为媒介变革带来的巨大发展机会，一批批成功转型媒体机构得以在全球风生水起。以美国奈飞公司为例，2018年年底它在全球的订户总数预计达到1.39亿，与2017年年底相比增长了2800万。预计到2023年，该公司订户总数可能达到2.01亿。2017年，奈飞公司的营业收入总额为113亿美元，到2023年预计增长到288亿美元，届时美国市场的营业收入为112亿美元。美国家庭影院频道（HBO）则是影视产品输出渠道变革的成功范例。在新兴媒体时代，美国家庭影院频道充分利用最新媒体技术拓展国内外市场，尤其在播出平台和运营模式方面积极创新。家庭影院频道针对观众视频收看习惯的变化，大力发展网络电视业务，积极构建多终端、多平台内容分发模式。2015年4月，家庭影院频道在美国推出了网络电视（OTT）业务"HBO Now"。观众通过该网络电视客户端即可登录，在智能手机、平板电脑、个人电脑等终端上观看HBO和CINEMAX等频道的内容。此前，家庭影院频道于2014年在北欧地区推出了网络电视业务"HBO Nordic"，这也是该公司第一个网络电视业务。用户付费订阅这个业务后，在移动智能终端和联网电视机上收看家庭影院频道的节目。除了"HBO Now"，家庭影院频道（HBO）还推出了名为"HBO Go"电视无处不在业务。2015年，家庭影院频道将"HBO GO"业务拓展到了哥伦比亚、巴西等拉美国家。对于传统媒体来说，新兴媒体技术为拓展海外市场提供了便利；基于全球网络通信技术的发展，新兴媒体技术为传统电视拓展海外市场提供了低成本、高效率的渠道。当然，媒体机构必须要在理念、模式、方式和举措等方面主动变革，积极运用新技术、新手段，才能有效把握这一机遇。

近年来，中国影视产品也在积极探索传播渠道创新，一些作品在海外新兴媒体平台上的传播也取得了不错的成绩。以电视剧《甄嬛传》为例，中国制片方与美国影视制作团队合作将76集精编制作成了6集（每集90分钟）的英文版电视剧。2015年3月15日，这个版本的《甄嬛传》以中文原声、英文字幕的方式登陆美国奈飞公司的网络电视平台。这是《甄嬛传》在日韩和东南亚地区热播后，第一次走入西方国家。美国版《甄嬛传》播出后的平均得分为3.7分，著名美剧《实习医生格蕾》为3.9分，《犯罪现场调查：迈阿密》为3.7分。可见美版《甄嬛传》的播出效果还不错。为了适应美国受众的观看习惯，美国版《甄嬛传》对原版进行了重新梳理、归类整合，通过老年甄嬛的回忆进行倒叙，突出表现了人物为爱情与权力的奋斗与牺牲精神，简言之就是一个纯真少女在宫中生死搏杀、最后成功的故事。重新剪辑后，美国版《甄嬛传》只保留了与甄嬛直接相关的人物以及最能推动故事发展的情节，其中甄嬛和皇上、甄嬛和十七爷的爱情戏以及甄嬛与沈眉庄、安陵容的姐妹情等，都相对完整地保留了下来，其他人物之间的关系和争斗以及可有可无的细节都删掉了。除了《甄嬛传》，其他一些影视产品也借助海外新兴媒体平台得到了传播和版权输出。例如，《武媚娘传奇》成为越南视频网站Zingtv.vn2015年的收视冠军，点击量超5000万次；《解密》被网友自发翻译成英、法、德、西班牙、葡萄牙、印尼、波兰、匈牙利等十余种语言，海外平台总点击量超1000万次，其中在美国优图网（YouTube）的点击量达774万次，实现了主旋律题材电视剧以市场化方式走出去；《亲爱的翻译官》在新兴媒体平台维奇（Viki）上被译成23种语言的字幕。

为此，我国要加大力量构建新兴媒体平台，推进传统影视产品输出渠道与新兴媒体渠道的融合并进、协同发力。在当前阶段，我国影视机构要充分借助海外新兴媒体平台来拓展传播渠道，增加内容产品输出的规模。随着我国影视产业的发展和国际化程度的提升，影视机构要积极参与新兴媒体平台建设，通过自建平台来拓展产品输出渠道。这除了要求对媒介技术进行变革，还要对传播模式、经营方式等进行调整，最为重要的是对传播理念进行革新。例如，传媒机构要运用社交媒体平台与受众/用户建立直接关系，通过大数据获取受众/用户的需求信息，有效提升传播的针对性和精准化。唯有影视产品输出的规模实现了有效增长，中国故事传播效果和影响力的提升才具备条件。

随着世界各国纷纷进入市场经济体制，世界经济全球化加深，信息技术特别是国际互联网的发展，在全球市场经济中形成了规模生产的影视产品会得到更好的发展空间。一个国家的影视产品的客户越多，产品销售量就越大，就越赚钱，竞争力就越高。反之，形不成规模生产的影视文化产品的生存空间就受到挤压或被淘汰出局。在经济全球化、影视文化产品商业化的形势下，影视文化产品出口多，自然会使其文化得到弘扬，这个国家的故事也会得到更广泛的传播。近年来，中国影视产品从完成"外宣"任务的角度来强化文化传播，并取得不错的成绩。例如，译配成斯瓦希里语的《媳妇的美好时代》在坦桑国家台黄金时段第一次播出时，创下该台52%的历史收视率纪录，并应观众要求安排了4次重播。特别是2013年习近平总书记在访问坦桑尼亚期间对《媳》剧在坦热播给予积极评价后，《媳》剧译成英语、法语、葡萄牙语、西班牙语、豪萨语、阿拉伯语等多种语言，并很快在纳米比亚、肯尼亚、乌干达、科摩罗、莫桑比克、埃及、加蓬、几内亚等20个非洲国家热播。《金太郎的幸福生活》使用地道的埃及白话进行配音，播出后立即收到了良好的效果，在埃及国家2台收视率达到3.1%，约217万人收看该剧，且忠诚度较高，未出现换台现象。该剧英语版在南部非洲国家博茨瓦纳国家电视台每周二黄金时间单集播出，国内观众覆盖率达80%以上。2017年，《生活启示录》（蒙语版）在蒙古国播出，收视率达5.93%，市场占有率23.62%，于蒙古国同期播出的电视剧中位居第一。在完成"外宣"任务的同时,中国影视机构也在积极开拓国际市场空间,探索"产业"发展道路,通过影视产品出口来拓展中国故事的传播路径。例如,华策影视、华谊兄弟、爱奇艺、京都世纪、大唐辉煌等十家中国影视文化产业龙头企业共同携手,在2017年年底正式成立了中国电视剧(网络剧)出口联盟。这些龙头企业的抱团合作,将大大提升影视产品出口的规模、品牌、专业性和议价能力。这是中国影视产品输出的一个重要探索,相信会进一步提升国际市场竞争力。借鉴影视产品传播实践经验,中国故事在海外要实现有效传播,一方面传播内容的品质要高、针对性要强,另一方面传播渠道的有效性、贴近性要强,尤其要借助新兴媒体发展提升传播的广度和深度。

第三节 中国影视产品走出去的现实挑战与发展重点

影视产品走出去在传播中华文化、塑造国家形象和夺取国际舆论话语权等方面发挥了重要的作用,它是国际传播的重要组成部分,是我国文化软实力对外传播的重要渠道之一,也是我国影视产业转型升级和国际化的重要动力之一。

一、中国影视产品走出去的现实挑战

长期以来,我国影视产品走出去主要以外宣为导向,主要工作方式是免费赠送播出版权,落脚点并不是国际市场。"外宣"导向本无可厚非,毕竟影视产品承担着塑造国家形象、传播中华文化、提升中华文化软实力等方面的使命。但缺乏市场意识的"走出去"往往实现可持续发展,也难以真正扎

根当地市场。具体而言，我国影视产品走出去当前主要面临以下几个方面的挑战：

1. 理念有待完善

我国影视产品走出去主要是靠政府推动，政府的核心诉求点是讲好中国故事、加强国际传播能力建设、提升文化软实力、塑造中国形象等，故而主导理念是外宣，商业理念缺乏，市场动力不足。相比之下，美国等西方国家影视产品走出去主要靠企业，核心诉求点是利润，主导理念是利润。在国际市场竞争的这个场域中，商业化操作模式更为有效，经济利益的驱动也更为持久。可以说，无论中国影视产品走出去要想完成怎样的任务、达到怎样的目标，如果失去对作为市场形态存在的国际传播环境中的商业资源的占有，也就必然失去对于观众的占有，文化或政治上的影响力也就可能会被边缘化。

2. 机制有待健全

直到最近几年，我国影视产品才真正大规模"走出去"，尤其走进欧美国家。正因为如此，机制尚未健全，无论是国家层面还是媒体或企业层面都还处于探索、尝试和积累阶段。例如，中国影视机构在海外与中资企业之间缺乏合作和互动，在与其他国家开展竞争时无法相互借力。这种状况在韩国就一直存在：中国影视剧进入韩国市场时，因为中资企业并不注重中国影视剧的文化效应，缺乏在中国影视剧中投放广告的主动性和积极性，导致韩国广告代理商一般都参与中国影视剧的广告代理业务；缺乏有效的广告投放保证，韩国电视台极少会在黄金时段播出中国影视剧。相比之下，韩国影视机构在海外往往会得到本国大企业的大力支持，尤其在这些韩国影视剧投放广告方面不遗余力。在海外激烈的竞争中，广告收益也是促使目标国电视台进口韩剧的重要因素之一。另一方面，韩剧对于传播韩国文化具有积极作用，为韩国企业在当地发展营造了良好的氛围。未来，中国影视产品走出去和中资企业在海外发展需要携手合作，在谋求共赢的同时对提升中国在目标国的整体影响力具有相得益彰的效果。

3. 模式有待升级

影视产品走出去并非简单地把节目送出去，而是一个过程复杂、成本高昂的系统工程，包括版权购买、翻译、国际营销、播出时段租赁等。加之每个国家对于影视剧的内容、制作、译制甚至播出长度都有不同的要求，前期调研和后期改编等都需要人力和成本投入。例如，江苏广播电视台在捷克播出电视剧《最后一张签证》时，捷克方面要求将原来的48集改编为20多集，以照顾当地观众的收视习惯。正因为如此，影视产品走出去面临一个市场化、商业化和可持续问题，往往需要在短期宣传效应和长期市场效应之间做出选择，或者说在宣传模式和市场模式之间进行抉择。长期以来的游离不定，导致"走出去"模式上缺乏一种持续完善的过程，也缺乏战略上的长期布局。在全球化时代，节目、资本、人才和技术的跨境流动，以及节目制作和模式的跨境合作正日益模糊了国界概念。纵观欧美发达国家，影视产业相关传媒集团一方面积极利用其节目内容优势、资本优势和技术优势开拓其他国家市场；另一方面大力推进本土化制作和销售模式，制作或改编出符合目标国观众需求的节目。近邻韩国在海外销售影视剧时，其整套操作模式也是相对完善和成熟的，例如韩国在海外销售热播剧时通常会开展宣介活动，并与剧中主要明星一道去海外目标国开展见面会等活动。

4. 跨文化技巧有待改进

不同国家和地区的文化特征亦有所不同，这不仅涉及语言的差异，更涉及价值观、宗教、艺术等方面的不同。我国影视剧长期以来将国内观众作为主要的传播对象，对于境外观众了解不多，也就容易出现跨文化的问题。以语言为例，我们通常会把说同样"语言"的国家等同对待，但历史与社会变迁通常会加剧这些同宗语言国家或地区在语音、语义等方面的差异。例如，墨西哥通用语言为西班牙语，但墨西哥的西班牙语与西班牙本土使用的西班牙语不尽相同。实际上，墨西哥十分抵触原宗主国殖民地西班牙的影响，所以墨西哥电视台不播放西班牙人或西班牙本土语言配音的影视剧。中国影视剧作品在面向墨西哥开展影视剧译制配音时，除了要保证翻译的准确和语音的纯正之外，还要考虑当地的国情、社情和民情，以提高目标国观众对中国影视作品的接受度、喜爱度、满意度和忠诚度。我国影视剧在面向邻国缅甸传播时，也遭遇了诸多文化问题，其中较为普遍的有三个方面：一是影视剧政治色彩浓厚，如"抗日神剧"等；二是宗教影视剧色彩浓厚，如妖魔鬼怪题材的电视剧；三是影视剧伦理观念较为开放，如暧昧镜头过多的影视剧。因此，我国影视产品走出去要采取"一国一策"的跨文化传播方针，减少文化折扣。

5. 国际化水平有待提升

长期以来，中国电视台和影视机构以国内观众为主，较少考虑国际市场。但随着中国与世界交流的增多，中国影视节目越来越多地走向海外，推动中外影视文化交流，也增加中国影视产品的国际销售收入。在这个过程中，影视产业国际化水平偏低的问题日益凸显。例如，中国农业节目主要服务国内观众，但随着中国农业技术提升和农业产业发展，越来越多的国家希望了解中国农业。在此背景下，《致富经》《科技苑》等农业栏目以及《舌尖上的土豆》等农业类纪录片开始走出去，并在老挝等国受到热烈欢迎。随之而来的尴尬局面是，许多农业节目在制作时并没有预留国际声，也没有保存无字幕版，甚至没有保存节目文本，这给翻译配音和改编时带来了诸多不便。可见，影视产品走出去的前提和基础是国内影视产业的国际化与规范化。

三、中国影视产品走出去的发展重点

中国影视产品走出去势在必行，而重点在于强化内生动力，提升专业化程度，并在作品译制、渠道建设、协同运作等方面加以完善。

1. 强化"走出去"的内生动力，促进影视产业的国际化

中国影视产品走出去的前提是"精品"实至名归，而且颇具规模。中国目前是影视剧制作的大国，但还不是强国。如果要参与国际市场竞争，我国影视产业首先要做大做强，不断完善影视产业的法律体系、市场环境、产业基础等方面，逐步构建起一套涵盖从创意、制作、播出、推广到发行等完善的规则体系、监管机制、竞争机制、激励机制等。国内影视产业只有具备了与国际竞争的实力，才具备了"走出去"的内生动力。究其根本，"走出去"是国内产业综合实力向境外市场的自然辐射，是一个水到渠成的过程。另一方面，国内影视产业要逐渐加强国际化布局。参照美国战略管理学者迈克尔·希特（Michael.A.Hitt）等人在《战略管理：竞争与全球化》中的战略管理理论，我国影视产品走出去要从战略高度加强产品和服务出口、品牌特许权交易、战略联盟、并购、在对象国设立全新子公司等方面的顶层设计。根据这一理论，产品和服务出口具有高成本、低控制的特征；品牌特许权交易，也可以简称为特许经营，具有低成本、低风险、低回报等特征；战略联盟具有成本分担、资源共享、共同承担风险等特征；并购的特征是能快速进入新市场，在本地进行运作合并，但也具有高风险、谈判复杂等问题；在对象国设立全新子公司较为复杂，通常具有成本高、周期长、风险高等方面的问题，但其优点是能实现最大的控制，而且有着潜在的超平均水平的回报。[①]针对这些特征，我国应立足影视产品走出去的长远战略目标，分阶段、分地域、分类型制定

[①] Hitt,M.A.I.R.D.H.,Robert E.(Ed.):*Starategic Management:Competitiveness and Globalization (fifth ed.)*, Thomson South-Western (2003), pp251-258. 转引自刘新传、冷冶夫：《美国纪录片国际竞争力分析》，载于《中国广播电视学刊》2014年第11期，第85页。

相应的实施方案,提升影视产品走出去的规划性、有序性和有效性。

2. 强化"走出去"的跨文化水平,提升影视译制能力

影视产品走出去一方面需要妥善应对国际贸易规则的问题,另一方面需要处理好跨文化传播的问题。1938年,林语堂用英文写的、向西方介绍中国文化的《生活的艺术》一书出版,引起轰动,成为美国畅销书排行榜第一名,且持续时间长达52个星期。后来,此书在美国重印了40余次,并被译成十多种不同的语言。从跨文化传播的角度来看,北京大学乐黛云教授林语堂课程内容的成功之处在于以下几个原因:首先是林语堂对中国文化有深刻广泛的了解和热爱,能够捕捉到中国文化的神髓,并以简约的形式传达给西方读者;其次,他的家庭背景和经历使他比较容易理解西方读者的文化趣味和内在需求,因此有可能针对他们的兴趣爱好,对中国文化给予准确、到位和贴切的解释;第三,林语堂以平和的心态、自由的精神、杰出的文学才能,从容自若、娓娓道来,在选题方面,不论题目,大到宇宙、小至苍蝇都可以成为其描写对象,做到了"有容乃大",易于接受。更重要的是他的一切出发点都是基于坚定的跨文化思想的基础。[①] 对于中国影视剧"走出去"而言,林语堂的许多做法是值得借鉴的。美国在影视产品出口方面采取了"中性战略",以克服跨文化的问题。所谓中性战略(Neutral Strategy)是指在影视节目制作时,考虑到区域性市场或国际市场的差异性因素,在对白口音、演员构成等方面尽量满足目标市场观众的文化特点和心理需求。例如2010年拍摄的《南方女王》(*La Reina del Sur*),剧中演员来自多个国家,场景是在哥伦比亚、美国、墨西哥、西班牙和摩洛哥等多个国家拍摄的。《南方女王》是根据西班牙作家阿托罗·派瑞兹·雷文特(Arturo Perez Reverte)的畅销小说改变的,讲述了一个西班牙女毒枭为了给男友报仇,与跨国毒品网络周旋的故事。中国影视剧"走

---

① 转引自乐黛云:《涅槃与重生——在多元重构中复兴》,北京:中央编译出版社2015年版,第148页。

出去"需要积极吸取国际上的成功经验,一方面提升影视节目创作和制作的跨文化水平,另一方面在影视节目译制方面也要着力提升跨文化能力,减少文化折扣。

3. 强化"走出去"的专业化水平,提升分工的精细化程度

中国影视文化精品"走出去"涉及多个领域,需要不同专业之间加强合作,提升"走出去"的整体专业化水平。有研究者认为,我国电视剧"走出去"的主要问题之一是制片时缺乏国际市场意识,技术标准不符合国际市场规范。① 过去,我们往往将"走出去"的核心聚焦在制作领域,而忽视海外市场的推广和营销领域。实际上,即便是"前厂后店"的传统模式,也离不开制作与营销的紧密合作。就影视产品营销而言,西方国家具有成熟的市场运作经验,值得我们借鉴和参考。例如,他们在海外销售方面一般会采用两个战略措施。第一个战略是"泥巴墙"(mud against the wall)模式。这一模式主要是通过不断地增加影片的数量来提高成功的概率。从媒介产品的角度讲,就是制作大量的独特的产品,并寄希望于其中的某些影片可以偶尔获得人们的青睐。在这一战略中,作者进行内容创作的主要动力就是以艺术或灵感的驱动,坚持认为其中一些产品具有一鸣惊人的可能。第二个战略是"大片"模式。这一模式通过在广播影视和娱乐行业集中大量的人力和财力,从而减少了产业的风险。这一模式中内容创作的主要动力来自于经济,而非艺术。这就将创作战略和市场战略紧密联系在一起。这一模式有两个前提,第一是在人才、制作以及市场营销上的大量投资就意味着会获取大量的观众,第二则是观众的选择取决于产品的宣传攻势,宣传得越好就会驱使更多的观众选择这一产品。② 可见,我国影视产品走出去不仅仅涉及内容领域,还需要在市

---

① 中国电视剧制作产业协会《综艺报》编著:《中国电视剧(2014)产业调查报告》,北京:中国广播影视出版社 2015 年版,第 95 页。
② [英]露西·昆著,高福安、王文渊译:《媒体战略管理——从理论到实践》,北京:中国广播电视出版社 2013 年版,第 86~87 页。

场推介和营销方面有所突破。

4. 强化"走出去"的新兴媒体平台建设，促进渠道的多元化

随着新兴媒体平台的发展，影视产品走出去的渠道得到了大幅度的增加，这既是机遇，也是挑战，因为美国等西方强国已经抢占了先发优势，并且利用新兴媒体的快速发展改变了国际市场规则。例如，美国网络电视巨头奈飞公司（Netflix）在播出原创影视剧时，会在所有国家同步推出，而不像传统电视那样在不同国家安排播出的"窗口期"。这种模式给传统电视内容分发带来的影响被称为"奈飞效应"（the Netflix Effect）。根据2016年IHS发布的数据，美国电视剧在法国市场上播出的平均"窗口期"大幅缩短，从2014—2015年度的159天缩短到2015—2016年度的32天。也就是说，一部美国电视剧在本国播出32天后，就开始登陆法国市场。不过，美国电视剧在法国市场上播出的"窗口期"存在双轨制：在视频网站和付费电视频道的窗口期相对较短，在免费频道的窗口期相对较长。目前，美国电视剧在英国和澳大利亚播出的平均窗口期为37天，此前是120天。美国电视剧在德国播出的窗口期为61天，此前是170天。① 在基于互联网、移动通信和智能终端等为基础的新兴媒介环境中，影视业在两个方面发生了显著变化：一是制作方面，专业化的拍摄与制作设备不再是必备条件，智能手机等终端可以拍摄和制作一定专业化的影视内容。换而言之，就竞争或发展的重心而言，专业化的设备正在让位于专业化的内容；二是在分发方面，单向传播正在让位于交互传播，传统的视听接收模式正在变为看、听、玩等多种行为的结合。但从影视产品走出去的角度而言，渠道多元化是一个核心关注点。

5. 强化"走出去"的协同能力，促进协作的制度化

虽然中国政府主管部门一直致力于推动中国影视产品走出去，并在节目

---

① 参见：www.digitaltveurope.net/530742/netflix-effect-forces-shorter-windows-for-drama.

创作、译制、海外推广、版权输出等方面出台了鼓励政策和相关措施,但"走出去"的整体协同性仍不足。从实际操作来看,后端与前端的协作仍要加强,也就是影视剧制作方和国际销售方需要协同运作。另外,影视领域与其他领域的协作,尤其是与中资企业的合作存在诸多不足。中资企业在海外发展时,要么走当地政府高层路线,忽视面向市场和民众的推广公关;要么只注重当地热门节目的广告效应,不借助中国文化传播来强化中国整体形象塑造和品牌传播。因此,要积极探索激励机制,鼓励在海外的中资企业积极在中国影视剧精品中投放广告。2016年,中国国际广播电台在埃及国家电视台推动《电视中国剧场》项目时,从内容和市场两方面着手,取得了收视和收益的双丰收。在内容方面,《电视中国剧场》精选《父母爱情》等优秀影视剧,并以本土化方式完成配音。阿语版《父母爱情》在埃及创出3.8%的高收视率。在市场运营方面,《电视中国剧场》成功吸引到长安汽车、百度搜索引擎等企业的广告投放,与埃及国家电视台、影视剧版权方等分享了广告收益。要利用这些电视剧初步占领当地市场的机遇,加强有关剧目的版权销售、广告销售及其他内容、形式的商业合作,促进中国影视剧的市场化运作,同步增加社会效益和经济效益。

影视产品走出去首先要充分认识到其政治、文化层面的战略重要性,影视产品国际竞争的本质是文化博弈,与文化阵地、文化安全密切关联。影视产品走出去要注重策略,尤其要在"一国一策"方面下功夫,针对不同国家的需求要打造不同类型的影视产品。例如,东南亚对于中国古装剧的需求较大,但蒙古国对古装剧的接受度较低,更青睐中国的现代剧。影视产品走出去在重视政治、文化作用的同时,要充分强化市场导向,确保可持续发展。需要指出的是,影视产品走出去是一个系统工程,要从国家层面加强顶层设计,并在政策方面加以扶持。韩国影视剧的迅猛发展,最重要的一个原因是韩国把文化产业作为国家战略产业,将"文化立国"作为发展方针,对文化产业给予了政策、资金、人才等多方面的扶持。当前,中国影视产业迅猛发展,如果政府主管部门能提供有利的政策引导和市场环境，相信中国影视产品走出去的步伐和效果将更为显著。

第四节　中国影视产品走出去的主要风险点及应对策略

影视产品走出去和电视频道、影视服务跨国输出一样是电视国际传播的重要组成部分。当前，中国影视产品走出去需要积极预防和有效应对政治、文化和市场等方面的风险，在传播规划、传播业务和传播管理等方面着力优化，提升传播效率和效果，实现传播目标。

一、影视产品走出去的新形势

当前，中国影视产品走出去面临着国际政治环境和传播媒介环境的深刻变化，这其中不乏挑战，也蕴含机遇。另一方面，随着全球化持续推进和媒介环境深度变革，影视国际传播的竞争更为激烈；西方国家凭借产业化、市场化、国际贸易等方面的先发优势，在电视国际传播领域处于强势地位。概言之，中国影视产品走出去正面临新的传播形势，集中体现在政治和技术层面上。

就国际政治而言，当前国际格局仍处在深度变革中，各种不确定性依然存在，地区性冲突不时发生，这些都对中国影视产品走出去产生直接的影响。一方面，当前影视产品跨国传播的技术条件更为成熟，国际政治的影响也更为深入。例如，英国政府在2017年向波兰政府提供了500万英镑用于合作战略传播，其中部分资金将拨付给白卫电视台（Belsat TV）。该电视台创办于2007年，主要面向白俄罗斯播出，意在与俄罗斯媒体争夺该地区的话语权。这是中东欧国际政治在电视国际传播领域的直接影响。另一方面，国际关系和国际政治还导致电视业格局的变化。以欧洲为例，英国"脱欧"对于电视业，尤其是境外电视业在英国的发展将产生显著影响。在"脱欧"前，英国是欧盟电视播出业务最发达的国家，大多数面向欧盟国家播出的电视频道都选择英国作为总部所在地，这主要得益于英国发达的电视产业、稳定和完善的媒体法律体系、大量专业的从业人员、先进的后期制作设施、完备的卫星信号上行以及技术信号传输服务体系等。英国"脱欧"后，英国向欧盟国家进行电视传播和节目输出就必须遵守欧盟《视听媒体服务指南》（*Audio-Visual Media Services Directive*）中节目内容"来源国原则"，英国制作和播出的节目就能算入欧盟节目配额。也正因为如此，1000多个频道预计在"脱欧"前会撤离英国。

就技术形势而言，互联网和移动通信技术的快速发展，智能手机等移动终端的普及，影视产品跨国流动和传播面临前所未有的发展机遇，也需要妥善应对相关挑战。在新的媒介技术形势下，传统电视强国凭借资金、技术和内容优势在国际市场上具备了更强的竞争力，形成"强者愈强"的竞争格局。以美国奈飞公司（Netflix）为例，截至2018年4月，美国奈飞在全球订户总数达到了1.25亿。在欧洲，奈飞公司在欧洲网络电视市场的份额为46%，位居首位。另外一家美国公司亚马逊拥有16%的市场份额，位居第二。在东南亚地区，美国奈飞公司的市场份额为32%，也是位居第一。在拉丁美洲，美国奈飞公司在活跃付费订户中的份额为63%，稳居第一；以墨西哥为例，奈飞公司的市场份额位居第一，其中在18~34岁年龄段人口的份额高达70%。在中东北非地区，美国"星光播映"（Starz Play）的市场份额位居第一，达到了26%；2020年，该业务的市场份额有望超过50%。可见，新的技术形势产生了新的竞争格局，但整体竞争逻辑并未改变。另一方面，新的技术发展也对媒介管理和法律法规带来了变革。2016年5月25日，欧盟委员会修订已生效30年的《欧盟视听媒体服务指令》，以有效应对新兴媒体发展所带来的新挑战。《欧盟视听媒体服务指令》（2016修订版）对节目内容和资金投入等提出了明确的要求，包括视频点播平台上的欧盟节目内容比例不得少于20%，积极投资欧盟节目制作等。根据修订后的服务指令，欧盟成员国有权对视频点播服务商提出投资要求，投资可以是直接的资金投入或缴税的形式。各国在管理体制上也在积极研究新的应对策略。以网络电视为例，网络电视等新兴媒体具有跨国运营的特点，运营商可能位于境外，但用户或消费者却在境内，许多境外运营商因此轻松躲避了税收。对此，哥伦比亚政府2017年颁布相关法规，对国内外网络电视运营商征收20%营业税。可以预见，新的媒介技术发展对于电视国际传播还会产生更为深远的影响。

二、影视产品走出去的主要风险点

影视产品走出去的政治、文化和经济属性也相应隐含了三种主要风险点，对于中国影视产品走出去而言，还有与华侨华人及其媒体机构合作方面的风险。

1. 国际政治方面的风险

两国关系的变化通常会影响两国之间媒体交流合作，这在电视国际传播日趋成熟的今天表现得尤为显著。过去几年中，中东、中东欧等地区国际关系的变化曾多次累及电视国际传播。沙特阿拉伯、阿联酋、埃及、巴林四国与卡塔尔在2017年发生了"断交风波"，直接导致半岛电视台在这几个国家的办公室被关闭，节目被停播。随后，以色列也借机关闭了半岛电视台在以色列的办公室。2017年9月，伊拉克北部库尔德自治区举行独立公投，引起土耳其等国不满。土耳其广播电视最高委员会（RTUK）随即宣布土耳其卫星电视系统停播三个库尔德电视频道（Rudaw、Kurdistan 24、Waar TV）。不过，土耳其广播电视最高委员会宣布，停播这三个频道是因为它们是境外频道，没有在土耳其取得播出执照。近几年，俄罗斯与多个国家的外交关系出现波折，导致其电视频道在海外被禁播。例如，摩尔多瓦电视广播协调委员会（CCA）宣布，永久性禁止"俄罗斯频道"（Rossiya）在摩尔多瓦播出。2017年，乌克兰禁播了意大利世界时尚频道（World Fashion Channel），因为该频道在节目中将克里米亚作为俄罗斯的一部分，而非乌克兰的领土。2018年又出现一些新案例，例如英国与俄罗斯之间因为前俄特工在英中毒一事骤然变得紧张，俄罗斯《真理报》甚至称英俄两国正"濒临战争的边缘"。英国随后抵制俄罗斯的今日俄罗斯电视台（RT）的采访活动，英国电信管理局则准备在"条件"成熟时在英国停播该频道。可见，电视国际传播在国际政治面前具有相当的脆弱性。另外，一些隐性的国际关系竞争也会累及电视国际传播。例如，中国四达时代集团在非洲的发展就面临着与法国、美国等西方政府势力的干扰。2015年，四达时代集团成功竞得埃塞尔比亚数字电视项目，并收到了埃塞尔比亚政府公共采购和财产处置局的中标通知书。然而，该局随后突然宣布废除四达时代集团的中标资格，改为美国企业"门风公司"（GATES AIR）中标。经查证，原因是时任美国总统奥巴马当时访问埃塞，美国大使向招标方施压，由此改变了招标结果。可见，国际政治是电视国际传播的主要风险点之一。当前，国际关系和政治格局日趋复杂，电视国际传播要进行积极应对和有效预防。

2. 市场监管方面的风险

影视产品走出去具有显著的市场属性，是一国电视产业在国际市场的延伸。在市场话语体系下，影视产品走出去是一种跨国提供电视内容产品和服务的商业活动。因此，影视产品走出去需要系统了解和认真研究不同国家市场政策和监管法律法规，并积极采取相应的举措。如前文所述，美国奈飞公司是当前全球最具影响力和竞争力的网络电视平台，但在一些国家也面临节目内容标准、媒体监管政策等方面的问题。在印度尼西亚，国家电信公司（Telkon）在2016年表示，因为节目内容和标准等差异，该公司不同意奈飞公司进入印度尼西亚市场；在肯尼亚，肯尼亚电影分级委员会（KFCB）禁止奈飞公司在该国的发展，因为奈飞公司的节目"威胁肯尼亚的道德价值观"。另外，一些国家对于境外电视落地播出又严格的管理政策。哈萨克斯坦从2016年开始实施严格的电视频道登记审核和监管制度。外国电视频道如果要在哈萨克斯坦落地播出，必须先向哈萨克斯坦相关主管部门提出注册申请；如果频道节目涉及宗教内容，还要得到哈萨克斯坦宗教专家的审核方可注册。哈萨克斯坦相关主管部门在15个工作日内对申请给予答复。基于该政策，哈萨克斯坦媒体主管部门2017年10月宣布，韩国广播公司世界频道（KBS World）、今日俄罗斯电视台（RT）、彭博电视（Bloomberg）等8个国际电视频道因未按要求登记注册，在该国数字有线电视、卫星电视和互联网电视平台上全部停播。可见，市场政策和法律监管等方面的变化会直接影响影视产品走出去，是不容忽视的一个风险点。

3. 文化差异方面的风险

影视产品走出去一方面承担着传播文化、提升文化软实力的使命，另一方面也要积极强化跨文化的理念。影视产品在走出去的过程中容易产生"文化折扣"（a cultural discount）现象。所谓"文化折扣"，又称"文化贴现"，是指"扎根于一种文化的特定的电视节目、电影或录像因为风格、价值观、信仰、历史、神话、社会制度、自然环境和行为模式的差异在其他地方的观众中很难获得认同，加之电视节目或电影需要翻译和配音，其吸引力会减少。即使是同一种语言，口音和方言也会引出文化折扣问题"。[①] 这几年，中国影视产品走出去日益活跃，在传播规模和范围方面都有了显著提升。但在与更多异文化的交流中，文化冲突问题也日益显著，出现了诸如向伊斯兰国家输出关于猪肉的美食节目、向文化上相对保守的国家输出包含有亲密镜头的现

---

① ［美］考林·霍斯金斯著，刘丰海、张慧宇译：《全球电视和电影：产业经济学导论》，北京：新华出版社2004版，第45页。

代都市爱情剧等问题。

4. 与华侨华人及其媒体机构合作中存在的风险

对于中国影视产品走出去而言，还存在与华侨华人及其媒体机构合作方面的风险，这或许是中国电视国际传播相对较为特殊的一种风险。长期以来，海外华侨华人及其媒体在中国影视产品走出去过程中发挥着一定的作用，在20世纪80年代和90年代初期尤为显著。当时，中国影视产品走出去的主要受众是海外华侨华人。与海外华侨华人及其媒体机构合作时，中国影视机构可能面临被"杀熟"的风险，例如开价高、成果虚等。近年来，中国媒体机构通过华侨华人或与其公司在欧美等发达国家开展合作时，已多次遭遇违约甚至欺诈问题。少数海外华侨华人及其媒体与我国媒体机构进行合作时，善于运用"两国友好""外宣大局""民间外交""影响主流""外宣效果"等概念引导中国主管部门和领导的判断、决策，从而导致中国媒体机构在与海外华侨华人及其媒体机构合作时面临着被"绑架"的风险。毋庸置疑的是，整体而言，海外华侨华人及其媒体机构都较为规范、守约，积极支持祖（籍）国发展和传播事业。但立足长远，我国影视产品走出去必须要认真研究如何与华侨华人及其媒体机构开展规范、有序、有效的合作，稳妥管控合作中的风险。

三、影视产品走出去中的风险控制策略

现阶段的中国影视产品走出去可以说是在挫折中起步、在风险中成长的，也是在逐步完善风险控制体系和策略。当前，国际政治、文化和市场局势更为复杂，我国影视产品走出去需要全面加强风险研判，优化应对策略。重点做好以下三个方面的工作：

1. 推进影视产品走出去规划精细化，按照"一国一策"研判风险、妥善预防

为了增强影视产品走出去的效果，要着力强化影视产品走出去的针对性和精确度。为此，要深入了解不同国家的媒介制度、市场特点、文化习俗以及受众特点等，做到"一国一策"、精准定位。在此基础上，做好影视产品走出去的发展规划和布局，构建风险防范和应对体系，探索建立"代位求偿"等现代国际风险应对机制。

2. 推进影视产品走出去业务国际化，按照"利益共同体"构建深度国际合作关系

中国影视产品走出去是一个参与国际竞争、与国际市场接轨的过程，需要不断提升国际化水平，强化国际交流合作的能力，通过国际交流合作有效拓展海外市场规模和国际传播渠道。国际合作要在内容制作、市场推广、销售分发、运营管理等关键环节发力，建立起"风险共担、利益共享"的深度合作关系。

3. 推进影视产品走出去管理规范化，按照国际贸易和市场规则开展国际合作业务

影视产品走出去的流程长、要素多、风险大，规范化、科学化的制度建设是必然之选。为此，要在流程管理、合同管理、资金管理等方面加大力度，全面提升影视产品走出去的专业化、国际化水平。唯有规范的管理和完善的制度，方能有效管控政治、文化、经济以及合作伙伴选择等方面的风险。

对于中国影视产品走出去而言，中国经济实力稳步增长和国际地位日益提升，为中国影视产品走出去带来前所未有的历史机遇。中国影视产品走出去被赋予了更大使命、赢得了更多关注、获得了更强支持。习近平总书记在十九大报告中提出，推进国际传播能力建设，讲好中国故事，展现真实、立体、全面的中国，提高国家文化软实力。电视国际传播是国家整体国际传播能力建设的有机组成部分，在塑造国家形象、传播中国声音、弘扬中国文化方面具有独特的作用。另一方面，国际电视业对于中国的关注度也在日益提升，这为中国影视产品走出去提供了条件。相比西方发达国家，中国影视产品"走出去"起步较晚，缺乏应对政治、文化和经济等方面风险的成熟体制机制。为此，我国影视产品走出去要参照国际先进经验和模式，积极构建具有中国特色的影视产品走出去保障体系和风险应对机制，不断完善中国影视产品走出去的国际化水平和市场竞争力。

第二章

全球影视产品走出去现状与成功经验分析

第一节　国际影视产品竞争的格局与维度

当前，影视产品已经成为我们休闲娱乐的重要内容，是当代社会文化生活不可或缺的部分。从国际传播的角度来看，影视产品是国家形象塑造的重要载体，也是国家文化传播的重要渠道，具有重要的战略意义。基于此，电影与电视诞生之日起，国际影视产品的竞争就开始出现，它表面上是对观众的争夺，实际上是一种政治、经济、技术和文化的较量。因此，国际影视竞争可以从不同维度解读：从经济维度解读是一种市场争夺，从政治维度解读是一种国际意识形态比拼，从技术维度解读是一种传播技术竞赛，从文化维度而言是一种文化影响力较量。

一、国际影视产品竞争的一家独大与多极求存

随着经济全球化和社会信息化的深入发展，媒体市场的全球化达到了前所未有的高度。在这种形势下，媒体内容资源球土化分发程度、媒体资本跨国流动规模、媒体市场一体化进程等都进入了新阶段。可以看到，"强者愈强""弱肉强食"的竞争态势日趋显著。当前，国际影视产品竞争中一家独大的格局依然存在，美国以国家实力作后盾，凭借其产业优势继续居于领先地位。美国在内容制作、市场运营、技术研发、标准制定等方面仍具有显著优势，即使在欧洲发达的电视市场中，美国的竞争力也不可小觑。2017 年，欧洲视

听观察室（the European Audiovisual Observatory）对欧盟18个国家的131个频道（103个免费频道和28个付费频道）在2015—2016年间所播出的电影进行分析，期间播出的电影总数为15504部。分析发现，样本频道媒体平均播出2.1部电影，其中付费电视频道每天平均播出5.8部电影，而免费频道每天平均播出1.1部电影；一部电影在同一个电视频道中平均播出2.6次。就不同国家电影在电视频道中所播出电影的比例而言，2015—2016年度中欧洲电影在电视频道全天时段所播出的电影中所占比例为28%，美国电影为68%，其他国家和地区为4%；欧洲和美国在黄金时段所播出电影的比例分别为23%和74%，其他国家和地区为3%。就电影制作地而言，欧洲电影占47%，美国电影占47%，其他国家和地区占6%。就电影播出的国家数量而言，欧洲电影平均在1.4个国家播出，美国电影平均在3.1个国家播出。这也就解释了为什么欧洲电影在样本电影总数中的比例为47%，但在电视频道播出电影总量中的比例仅为28%。① 可见，美国在欧洲影视领域的竞争力绝非本土机构所能匹敌，占据明显优势地位。

随着新兴媒体的发展，尤其是国际化和网络化的深入推进，美国在影视领域的优势进一步扩大。在网络电视等新兴媒体领域，资本和技术实力在美国等媒体公司新一轮抢占全球市场的行动中发挥着关键作用。美国奈飞公司2017年度在原创内容方面的资金投入为60亿美元，2018年投入80亿美元。而且，大部分影视产品都将以4K高清的格式制作。② 奈飞公司已经在国际影视节目分发领域形成了所谓的"奈飞效应"（the Netflix Effect），即影视内容跨国输出的"窗口期"因为新兴媒体的传播方式而大大缩短。根据2016年IHS发布的数据，美国电视剧在法国市场上播出的平均"窗口期"大幅缩短，从2014—2015年度的159天缩短到2015—2016年度的32天。也就是说，一

---

① 参见：欧洲视听观察室．*Films on TV: Origin, Age and Circulation (2017 Edition)* ．www.obs.coe.int．
② 参见：www.broadbandtvnews.com/2017/11/16/netflix-outlines-emea-strategy．

部美国电视剧在本国播出32天后,就开始登陆法国市场。另外,美国电视剧在英国和澳大利亚播出的平均窗口期为37天,此前是120天。美国电视剧在德国播出的窗口期为61天,此前是170天。[1]可以看出,美国在新兴媒体时代除了保持原有的节目优势之外,又增加了网络播出平台和内容分发技术方面的优势。

另一方面,欧洲、拉美、土耳其、中国、印度甚至非洲都在积极参与国际影视领域的竞争。根据2017年欧洲数据全球电视研究公司(Eurodata TV Worldwide)发布的四屏全受众测量(four-screen audience measurement)数据分析报告,随着新兴媒体的发展,全球节目内容领域正在呈现新的发展趋势,即全球节目内容业务的日益全球化和多元化。以剧本性节目的国际交易为例,土耳其和俄罗斯正在成为剧本性节目的出口大国,土耳其占全球出口总量的25%,俄罗斯占据15%,分列第一和第二位。印度和阿联酋并列第三,所占份额都是11%。美国位列第五,出口份额仅为7%。媒介技术发展是主要原因之一,另外全球化影视节目交流合作也推动了整体内容质量的提升,跨文化的内容出口更为普遍,例如土耳其的电视小说就较好地开拓了拉丁美洲的电视市场。[2]

就影视节目整体而言,世界影视产品的出口也在呈现多元化趋势。英国和法国在国际影视领域都非常活跃。根据"欧洲电视数据"(Eurodata TV)2016年数据,2015年全球节目出口量位居前五位的国家分别是美国、英国、法国、澳大利亚和土耳其,其中法国和土耳其是第一次跻身前五名。该排名是通过统计全球电视节目的播出量,以及这些节目的原产地得出的。以英国为例,其电视产品出口近年来具有不俗的表现,其中中国是英国电视产品进

---

[1] 参见:www.digitaltveurope.net/530742/netflix-effect-forces-shorter-windows-for-drama.
[2] 参见:www.digitaltveurope.net/680232/four-screen-audience-measurement-highlights-new-viewing-patterns.

口国中增长最快的国家，增幅为40%，进口电视产品总额为1700万英镑。美国是英国电视产品的最大买家，金额为5.23亿英镑，占英国电视产品总出口额的47%。澳大利亚位居第二，进口金额为9500万。英国电视节目出口在新兴市场有所增长的同时，在欧洲市场业务额则有所下降；对西班牙的电视节目出口上年度同比下降17%，从1900万镑减少到1600万镑。① 就法国而言，在2012~2016年间，仅意大利共有177家媒体公司被法国收购，这意味着法国通过资本运作不断扩大其在国际上的竞争力。拉美影视产业具有显著的地域特征，而且在美国影响下具有较高的国际化水准，例如巴西等国已形成了一些国际化大型传媒公司，巴西环球集团（Rede Globo）是全世界最大的多媒体集团之一，拥有《O环球》（*O Globo*）和环球电视网（TV Globo）等，环球电视网自制节目出口量占巴西全国节目出口总量的80%，出口到130多个国家和地区。墨西哥特莱维萨集团（Televisa）也已跻身世界级的传媒集团，美国在2007年到2011年播出的50个收视表现最为突出的节目中，44部都是进口的节目，而且这44个节目全部来自墨西哥特莱维萨集团。② 土耳其虽然国家经济实力并未居于世界前列，但在影视产业方面积极进取，其电视节目在中东地区和拉美地区都有不俗的表现。在非西方电影生产国里，印度是为数不多的能在国际市场占有一席之地的国家，它每年生产的电影比好莱坞还多。一些曾经是相对地方性的电影工业开始不断地将目光投向全球电影市场，孟买的宝莱坞成为其中的佼佼者。20世纪七八十年代，印度电影已经在英国、北美、海湾地区国家、南非和肯尼亚发行。此外，非洲的尼日利亚在国际影视领域也积极作为，已成为世界上第三大电影生产国，继美国的"好莱坞"和印度的"宝莱坞"之后，被称为"瑙莱坞"（Nollywood）。非洲电影院并不

---

① 参见：British programme exports hit £1.3 billion, www.digitaltveurope.net,20141013.

② 参见：Juan Pinon: A Multilayered Transnational Broadcasting Television Industry: The case of Latin America, the International Communication Gazette, Volume 76, Number 3, April 2014.

普及，很多"瑙莱坞"电影都是在电视上播出，尼日利亚也由此成为非洲电视节目的重要来源。2014年，尼日利亚娱乐和媒体产业营业收入为40亿美元，到2019年有望增长至81亿美元。

二、政治、经济、技术与文化四个维度下的国际影视竞争

影视产品走出去具有多维度的意义，在研究时不可偏废。雷吉斯·德布雷指出，宏观的历史、思想研究总是依附于所处的社会、经济条件以及其形成、传播的技术。因此，我们首先应该关注的，乃是思想传播所依赖的由技术及社会条件所决定的方式。①关于国际影视竞争的研究也是如此。

1. 国际影视领域的政治特征

影视产品走出去具有显著的政治意义，也可以称之为意识形态方面的意义。作为观念的一个系统，意识形态只有在可以被表达和交流传播时才有说服力。自然地，大众媒介和所有其他大规模的社会机构在意识形态的传播中扮演着重要的角色。②电视可能是主导意识形态最显著的传播工具，但是所有的大众媒介，包括较少被人认识到的媒介形式，如邮票、橱窗、早餐麦片粥盒、汽车保险杠标识、T恤衫、杂货店收据、高尔夫球座、火柴纸板封面、餐馆菜单等都携带着服务于一些群体不服务于其他群体的信息。③电影也具有浓厚的政治属性。早在1917年，时任美国总统的威尔逊就宣称："经济和意识形态

---

① [法]巴尔比耶、拉维尼尔著，施婉丽等译：《从狄德罗到因特网：法国传媒史》，上海：上海人民出版社2008年版，第262页。
② [美]詹姆斯·罗尔著，董洪川译：《媒介、传播、文化——一个全球性的途径》，北京：商务印书馆2012年版，第19页。
③ [美]詹姆斯·罗尔著，董洪川译：《媒介、传播、文化——一个全球性的途径》，北京：商务印书馆2012年版，第22页。

是齐头并进的，电影既是一种经济产品，又是一种意识形态的工具，是一种完美的工具。"①西方学者也认为，美国好莱坞影视产品"在其叙事结构的配合下，对帝国主义的观念和偏见的传播富有重要责任……在推广好战的行径以及消费主义政治方面不断走向毁灭地球的终极。这些方向被隐藏在一些看似'无害的''娱乐性的'以及'讲故事的艺术'的过程中，令事态变得更加严峻。"②居伊·埃内贝勒在《世界电影15年（1960—1975）》一书中，罗列了好莱坞电影传播与美国意识形态相符的扭曲的世界观的15种方法。例如，在每部电影的结尾，一切都要回归秩序并且具有意义：坏人受到惩罚，好人得到奖赏；而美国则向我们重申，它才是最正义的国家。③如果把影视归入文化的范畴，则可以借鉴亨廷顿从历史角度所阐释的文化与政治权力的关系。他认为，一个文明权力的扩张通常总是同时伴随着其文化的繁荣，而且这一文明几乎总是运用它的这种权力向其他社会推行其价值观、实践和体制。④

2. 国际影视领域的经济特征

影视领域不仅属于意识形态的范畴，也具有显著的经济属性。默多克与戈尔丁认为，媒介"最主要是晚期资本主义的经济秩序之下，生产与分配商品的工业组织"。达拉斯·斯麦兹提出了"受众商品"的概念，并在《传播：西方马克思主义的盲点》（Communication:Blindspot of Western Marxism，1977）一文中强调了应该以物质论的立场分析传播媒体、广告、阅听人之间

---

① 国家广播电影电视总局发展改革研究中心：《发达国家广播影视管理体制和管理手段研究》（内部资料），2006年版，第192页。
② 彼得·博特金斯：《媒体危机》，第44、45页，转引自［法］迪布瓦：《好莱坞：电影与意识形态》，李丹丹、李昕辉译，北京：商务印书馆2014年版。
③ ［法］迪布瓦，李丹丹、李昕辉译：《好莱坞：电影与意识形态》，北京：商务印书馆2014年版，第32~37页。
④ ［美］缪塞尔·亨廷顿，周琪等译：《文明的冲突与世界秩序的重建》，北京：新华出版社1999年版，第88页。

的三角关系。① 与电视相比，电影更早地被作为一种工业而组织起来，成为20世纪第一个"文化产业"。正是基于工业化生产的运行模式，美国影视业一直垄断着世界市场。早在1999年，美国电视电影出口占全球同类节目出口总量的80%，电视剧为72%，儿童节目为60%。毫无疑问，美国市全球电视节目的第一大输出国。相比之下，欧洲在很长一段时间内更注重影视节目的公共服务性质，至少在电视领域是如此。直到20世纪80年代之后，欧洲在美国影视业的冲击和影响下开始转变。以电视业为例，欧洲在80年代经历了从公共电视为到商业电视的转变。意大利语言学家和作家翁贝托·艾柯将商业电视主导的时代为"后电视时代"。② 不过，西方国家对于影视领域经济属性的过于看重引起了很多学者的警觉和批判。霍克海默和阿多诺对"文化工业"（culture industry）进行了批判，认为现代"文化工业"所产生的标准化、商品化、齐一化的商品是对工具理性的极度发挥，价值合理性的失落使现代启蒙走向了反面；人逐渐地被"异化"，成为马尔库塞所言缺乏真正的需求和反思的"单向度的人"。③

3. 国际影视领域的技术特征

影视产品的国际交流和交易具有较强的技术特征。媒介与社会理论领域有一种被称为"传播技术决定论"的理论。该理论认为，传播技术是社会的基础；每一种技术都适用于特定的传播形式、内容与应用；技术发明的顺序和应用会影响社会变革。④ 当前随着新兴媒体的发展，影视产品正在借助新兴媒体平台加速了交易进程和简化了交易方式。在新兴媒体时代，国家影视领

---

① 韩瑞霞：《美国传播研究与文化研究的分野与融合》，北京：中国大百科全书出版社2014年版，第26页。
② [法]巴尔比耶、拉维尼尔，施婉丽等译：《从狄德罗到因特网：法国传媒史》，上海：上海人民出版社2008年版，第175、255、258页。
③ 韩瑞霞：《美国传播研究与文化研究的分野与融合》，北京：中国大百科全书出版社2014年版，第96~97页。
④ [英]丹尼斯·麦奎尔，崔保国、李琨译：《麦奎尔大众传播理论（第四版）》，北京：清华大学出版社2006年版，第73~74页。

域的播出平台或内容分发平台更加丰富,也更为多元,除了原有的有线电视、卫星电视、数字地面电视和IPTV等平台之外,OTT等新兴媒体平台正方兴未艾。传统平台和新兴平台共同构建起一个多渠道、多平台、多终端的影视内容分发模式。如下图所示:

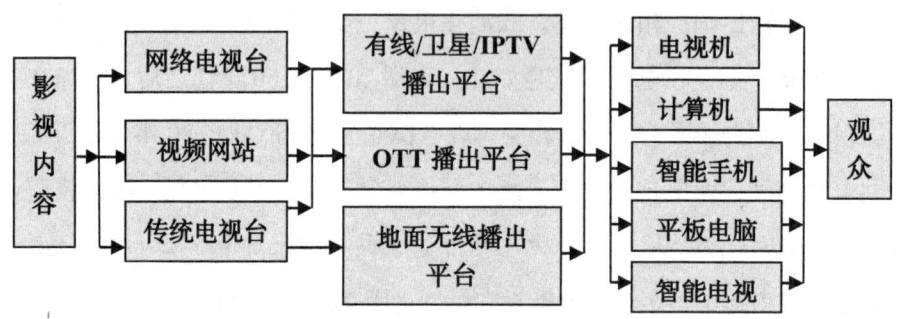

新媒体环境中节目播出模式简图

从上图可以看出,那些掌握了先进媒介技术的国家或媒体机构将在内容分发领域赢得先机,抢占优势。当前国际影视领域的竞争焦点和着力点就是内容和渠道,而渠道的技术特征更为显著。需要指出的是,媒介技术具有较强的国家特征,即在媒介技术方面,每个国家、国家集团都制定了一些标准,成立了各式组织,以保护本国、本集团的产业与文化利益。[1]

4.国际影视领域的文化特征

影视内容无疑具有浓厚的文化属性。从国际视角来看,一个国家的影视产品或多或少会浸润和反映其文化特征。价值观是文化的核心要素,当影视产品的价值观接近海外受众时,作品往往会获得广泛认可。时至今日,伊朗上映过的最流行的进口剧目之一就是日本电视连续剧《阿信》。有人指出,《阿信》在伊朗的成功归功于片中女英雄的品质,包括女性的顺从与伊朗价值观

---

[1] [法]巴尔比耶、拉维尼尔著,施婉丽等译:《从狄德罗到因特网:法国传媒史》,上海:上海人民出版社2008年版,第229页。

的兼容性。①另一方面，文化差异则会影响影视产品在海外的传播。由于不同国家间的文化差异，一个国家热播的影视产品在另一个国家播出时，有时会遭到冷遇甚至抵制，所以要更严谨。例如，我国使用乌尔都语译配了《舌尖上的中国（第二季）》，并推销到巴基斯坦媒体播出。可是，片中内容涉及猪肉，巴基斯坦是伊斯兰国家，对此有禁忌，导致原片内容无法播出。正是因为影视产品的文化特性，很多国家都从保护本国文化的角度来限制外国影视产品进口，最为显著的就是对于美国影视产品的防范或抵制。美国凭借发达的影视产业，无所不用其极地向世界推销其影视产品，美国文化随之风靡全球。1961年，诗人卡尔·桑德堡写道："什么？好莱坞比哈佛重要？没错，好莱坞虽然比不上哈佛纯净，但它的触角伸得更长。"②无处不在的美国文化和商业产品让美国在全球传播过程中确认、强化了自己的价值观、生活方式以及信仰。③对此，很多国家从保护本国文化出发积极应对美国影视文化的入侵。早在20世纪30年代，法国当时的舆论认为，从文化角度，民族电影产业应该得到保护，政府在这方面也需要扮演一定的角色。④直到今天，法国依然从捍卫本国文化的角度出发对抗美国影视产业的扩张。

影视产品同时兼具政治、经济、技术和文化属性，是当前国际传播竞争领域不容忽视的着力点。中国影视产品的关键还是在于提升国际竞争力，而提升国际竞争力的核心又在于强化国内影视产业的整体实力，以及"走出去"的内生动力。近年来，我国电影、电视产业都在高速发展，产业规模稳步扩大，专业水准显著提升。根据国际传播和文化软实力传播的新形势、新要求，我国影视领域要大力推进供给侧结构性改革，让内容生产的目标市场导向和收益结构更为合理，在优化影视产业结构的同时也有效提升国际竞争力和影响力。

---

① ［加］马修·弗雷泽著，刘满贵等译：《软实力：美国电影、流行乐、电视和快餐的全球统治》，北京：新华出版社2006年版，第172~173页。
② ［美］约瑟夫·奈著，马娟娟译：《软实力》，北京：中信出版社2013年版，第64页。
③ 张开：《全球传播学》，北京：中国广播电视出版社2013年版，第83页。
④ ［法］巴尔比耶、拉维尼尔著，施婉丽等译：《从狄德罗到因特网：法国传媒史》，上海：上海人民出版社2008年版，第196页。

第二节 英国影视产品走出去的创新基因与内生动力

英国是全球影视大国和强国，英国的影视剧、纪录片、节目模式等在全球久负盛名，是英国影视走出去的支柱性产品，整体出口规模和国际影响力都首屈一指。根据2018年数据，欧洲年均有650部电影在向区其他国家的影院上映，其中英国在海外电影票房销售方面位居欧洲前列，海外电影票务销售总量为4460万张，占欧洲电影在海外票务销售数量的55%。[①] 英国影视产品走出去的成功得益于多方面的原因，包括文化传统、政府引导、产业政策、媒体需求等。本文主要分析英国影视产品走出去的两方面原因：一是影视产业的创新基因，二是影视企业的内生动力，以供参考借鉴。

一、英国影视产品走出去概况

英国影视产品走出去与影视产业化、影视贸易全球化进程密切相关。早在20世纪80年代，英国电视业就认识到，单为英国受众制作的节目不再可行，要着力拓展欧洲及全球市场。英国1988年关于广播电视事业的白皮书明确表示：电视"将成为"以"进行国际思想、文化、体验的贸易"为重心的"日益国际化的媒介"。[②] 1999年，"二战"后成立的关贸总协定组织发展成世界贸易组织，机构变革带来的一个重大实践变化是：前者的货物贸易扩大到了服务贸易，由此使一部分文化产品作为商品进入国际贸易领域，影视产品逐渐成

---

① 参见：www.digitaltveurope.com/2018/02/20/more-european-films-released-internationally-but-admissions-fall.

② [英]戴维·莫利、凯文·罗宾斯著，司艳译：《认同的空间》，南京：南京大学出版社2001年版，第160页。

为国际文化交流的主要形式。随着信息技术特别是国际互联网的发展,影视文化产品的市场边界迅速延展。一种文化的文化产品的客户越多,产品销售量就越大,就越赚钱,竞争力就越高。[1] 换言之,全球影视领域的马太效应日渐显著。受益于此,英国影视产业加大走出去力度,并从单一影视剧出口延伸到多个领域,如频道播出、影视产品输出、节目模式输出、影视服务、培训教育等。以影视培训为例,中国电视媒体机构每年都会送多批员工到英国相关大学接受培训。

随着英国经济转型,影视等创意产业得到政府高度重视,英国影视产品出口规模稳步增长。2009年到2013年,英国创意产业出口额增长了45亿英镑,增幅达到了34.2%。2013年到2014年,英国创意产业的就业岗位增长了5.5%,高于全国平均水平的2.1%。在英国,创意产业包括电视、电影、视频、广播、出版、广告、营销、音乐以及演出艺术等行业。[2] 2013—2014年度,英国电视业出口总额为12.8亿英镑(约合16.2亿欧元),其中节目出口金额为6.44亿英镑。代表独立电视制作人的行业机构Pact的研究员麦克维(John McVay)表示,电视节目作为英国文化代表"继续在全球广受欢迎"。销售额最高的电视节目包括英国广播公司(BBC)制作的《亚特兰蒂斯》(*Atlantis*)、《三剑客》(*The Musketeers*)和独立电视台(ITV)制作的《塞尔弗里奇先生》(*Mr Selfridge*)等古装戏。中国是英国电视产品进口国中增长最快的国家,增幅为40%,进口电视产品总额为1700万英镑。美国是英国电视产品的最大买家,金额为5.23亿英镑,占英国电视产品总出口额的47%。澳大利亚位居第二,进口金额为9500万。[3] 2015年,全球节目出口量位居前五位的国家分别是美国、英国、法国、澳大利亚和土耳其。该排名是通过统计全球电视节目的播出量,以及这些节目的原产地得出的。根据2018年英国市场数据,英国

---

[1] 关世杰:《中国文化国际影响力调查研究》,北京:北京大学出版社2016年版,第9、16页。
[2] 参见: www.digitalveurope.net/391592/uk-creative-industries-growing-at-twice-the-rate-of-the-economy.
[3] 参见: British programme exports hit £1.3 billion, www.digitalveurope.net,20141013.

在 2016—2017 年度的电视内容销售额达到了 9.02 亿英镑。美国是英国电视内容第一大出口市场，销售额为 3.35 亿英镑；澳大利亚和法国分别为英国电视内容第二和第三大出口市场，销售额分别为 7300 万和 6000 万英镑。就英国内容的购买商而言，亚马逊（Amazon）和奈飞（Netflix）是英国电视内容出口的主要购买商，两家公司的购买额合计达到了 2.25 亿英镑。[①]

二、英国影视产品走出去的创新基因

英国影视产品走出去的创新基因根植于英国的创意产业。英国是世界上最为注重政策性推动文化创意产业的国家之一。通常认为，1997 年是英国文化创意产业发展元年。这一年，新任工党政府将文化创意产业列为国家重要政策，并成立"文化、媒体、体育部"（DCMS，Department for Culture，Media and Sport）。十年后，顺应媒介变化新形势，该部在 2017 年 7 月重组为英国"数字、文化、传媒与体育部"（the department for Digital，Culture，Media and Sport），缩写仍然为 DCMS。在创意产业发展政策的引导下，英国影视业呈现蓬勃发展势头。2015 年，英国创意产业对国民经济的贡献额为 874 亿英镑，约占 5.3% 的比例，其中影视以及游戏领域的产值为 138 亿英镑。英国政府 2017 年预测，英国创意产业到 2025 年有望实现 1284 亿英镑的产值。英国独立电视台（ITV）董事长彼得·巴泽尔杰特（Peter Bazalgette）认为，英国有两个伟大的资源：一是英语，二是创意产业。如何把这两项资源转化为国家经济发展动力则需要专业技能和有效商业模式。[②] 基于创意产业发展的市场传统和政策环境，英国影视产品走出去从一开始就被注入了创新基因。

节目模式开发在影视产业创新领域最具代表性，体现了英国影视产业的

[①] 参见：www.rapidtvnews.com/2018062352607/uk-content-sales-continue-to-soar-with-quality-shows.

[②] 参见：www.digitaltveurope.net/748872/uk-creative-industries-could-be-worth-128bn-in-10-years.

发展水平和成熟程度；节目模式开发也是最需要创新基因、体现创新基因价值的领域。在整个欧洲国家中，英国的节目模式开发能力也名列前茅，节目模式正成为英国影视出口的重要产品，《英国偶像》《达人秀》《X元素》《舞动奇迹》《以一敌百》《百万富翁》《卧底老板》等知名模式都源自英国，风靡全球。凭借坚实的产业基础和创新动力，英国长期占据电视研发和模式输出的龙头地位。世界模式巨头BBC、Fremantle、All3media、Shine等公司总局均在英国。目前，英国拥有欧洲最多的独立节目制作公司，仅首都伦敦就活跃着上千家创意十足的电视制作公司，每年盈利20亿英镑，雇员人数超过20万。这些公司体现了英国影视产业发展水平，持续强化创新基因。英国影视制作公司大多术业有专攻，专注于某类节目的生产与制作。比如知名制作公司All3media下属18家核心制作公司，分别专攻厨艺节目、游戏节目、纪实、戏剧、游戏节目等不同类型节目。英国模式巨头Fremantle拥有100多家大大小小的制作公司，其中Talkback公司长期致力于戏剧娱乐节目制作。影视产业分工精细化、专业化对于是影视走出去的重要基础。早在2009年，国际电视节目模式认证和保护协会（FRAPA）曾发布名为《电视模式走向世界》的报告，其中数据显示：2006~2008年，世界上有445个拥有版权的电视模式进行了跨国销售；电视节目模式产生的包括咨询费、授权许可费以及其他辅助收入等在内的总交易额为93亿欧元。2009~2010年全球电视节目模式销售额仍以大于10%的速度迅速增长。在电视节目模式产业里，英国成了最大的赢家。2010年，英国电视界以45%的份额占据了全球节目模式出口总量的首位。[1]2013年，英国电视机构节目模式的市场价值达到了6亿美元。[2]

---

[1] 冯军：《英国电视创意发达的秘密》，载于《中国广播影视》2015年9月下月版，第55、56页。
[2] 参见：European TV Formats See Revenue Slide,www.rapidtvnews.com.20140311.

三、英国影视产品走出去的内生动力

英国影视产品走出去除了拥有强大的创新基因,还有源源不断的内生动力;这种内生动力源自媒体机构拓展海外市场、增加盈利空间的强烈需求。英国影视媒体机构秉承了这个国家"向外看"的发展传统,输出影视产品、拓展海外市场被视为理所当然的发展路径。早在维多利亚时期,英国为了维持其霸主地位和追求商业利益,当时媒体机构就积极参与和配合政府拓展海外市场。英国加强了电报网络建设,架设了与法国之间的海底电缆。19世纪末20世纪初,英国的电缆数量占世界总量的一半以上,为其在国际传播领域的霸权地位奠定了基础,英国也逐渐成为全球传播的中心。[①]承继这一理念,英国主要媒体机构都致力于向外发展。随着媒介变革深入推进,影视产品走出去迎来了新机遇,这引起了英国媒体机构的高度关注。英国广播公司总裁托尼·霍尔(Tony Hall)2015年曾表示,该公司在互联网时代要进一步强化开放性,成为英国创意产业的枢纽。英国广播公司要致力于开发英国文化资源和思想理念,将最好的文化提供给观众,并成为面向世界的英国文化产业的窗口。

英国影视产品走出去的内生动力源自政府的政策支持和机制保障。英国政府在2012年宣布推出"高端电视节目减税项目"(High-End Television Tax Ralief,简称HTR),并在2013年4月1日正式实施该项目。该项目主要有三个条件:一是节目在英国制作,二是节目时长在30分钟以上,三是节目的单位小时成本超过100万英镑。2017—2018年度,英国共有60个节目获得"高端电视节目减税项目"的减税,总减税额为1.84亿英镑。从2013年到2018年,共有约310个节目获得减税。另外,英国在2015年4月正式实施了"儿童电视节目减税项目"(Children's Television Tax Relief,简称CTR)。2017—2018年度,

---

① 李舒东等:《国际一流媒体研究》,北京:世界知识出版社2013年版,第58~62页。

英国共有 15 个儿童节目入围该项目，涉及节目制作投资 2400 万英镑。2015 年到 2018 年，共有 85 个项目入围"儿童电视节目减税项目"，减税总额为 1800 万英镑。

英国影视走出去的内生动力是基于产业发展实力。英国在内容创意、模式开发、节目制作、内容分发、技术研发、市场调查、受众服务等领域等形成了专业分工，构建了相互配合、协同发展的成熟产业链。以频道制作而言，英国是全球电视频道重要制作基地。2013 年，从英国制作播出的非英国频道多达 127 个，这些频道都是面向世界其他国家而非英国的观众。基于这个领域的发展，英国已经形成了一个国际频道制播产业，在 2013 年的总产值达到了 60 亿欧元，并为英国带来了 12300 人的就业。2017 年统计显示，英国有 758 个主要面向欧盟外播出的频道，而欧盟区域内面向海外市场播出的电视频道总数为 4063 个。可见，英国是欧盟境内国际频道最集中的国家其中。另外，英国还有大量面向欧盟国家播出的电视频道。这些频道选择英国，正是看重英国电视产业发达、媒体法律体系完善、专业人才集中、制作设施先进、卫星信号上行以及技术信号传输服务体系完备等有利条件。

英国影视产品走出去的内生动力根植于媒体发展目标。为了有效占领海外市场，英国主要媒体机构可谓多措并举，在走出去模式创新、渠道拓展方面不遗余力。英国在海外播出了多个影视类频道，以此输出影视产品。早在 1998 年，英国广播公司就在美国推出了美国频道（BBC America），播放精选的影视节目，如包括《神秘博士》（*Doctor Who*）和《黑色孤儿》（*Black Orphan*）等。2014 年，英国广播公司在澳大利亚开办影视剧频道，主要播出英国电视剧和喜剧等，所有内容都是第一轮播出，即早于英国开路电视频道 12 个月播出。2016 年，英国广播公司在中东和北非地区推出了"第一频道"（BBC First）。"第一频道"是一个电视剧频道，在 OSN 付费电视平台上播出。该频道在中东和北非地区播出的版本配有阿拉伯语字幕，并根据当地黄金时段进行节目编排。除了播出国际电视频道，英国还通过英国广播公司等机构向海外输出节目和节目模式,并在海外大力开展本土化经营和资本运作,提升在当地市场的竞争力和影响力。20世纪80年代末,英国广播公司成立了一个统一的商业运营机构,也就是后来的环球公司(BBC Worldwide)。作为英国广播公司的全资子公司,环球公司积极拓展全球节目市场,目前已成为英国本土最大的向各国际电视台提供电视节目的供应商。

在全球化时代,影视产品走出去是一个系统性工程,涉及传媒监管、产业发展、出口扶持、版权保护、人才培养等方面,需要政府、行业和媒体三个层面分别施策、协同推进。影视产品走出去的成功需要创新基因和内生动力,而这两个要素都根植于国家整体政策、体制机制、产业发展、企业目标等。在宏观层面,我国影视主管部门要创新管理体制、机制,强化政策引导,加大扶持力度,尤其要在出口税收优惠、海外销售补贴、海外版权保护等方面有所创新和突破。在中观层面,我国要持续推动影视产业发展,形成基础扎实、分工明确、配合有力的产业体系。在微观层面,我国要加快推进国际化、多元化影视机构建设,稳步提升影视走出去主体的内生动力和国际竞争力。全球化时代,与影视产品、模式跨国交易同步的,还有资本、技术、人才的跨境流动,我国媒体机构要充分利用全球化契机,积极参与国际影视领域交流合作,有效借鉴英国等国在影视产品走出去方面的成功经验,利用我国日益增长的产业、资本和市场优势,强化影视产品走出去的规模和效果。

第三节 国际知名媒体在影视产品走出去中的合作传播策略

当前,媒介变革深度推进,影视产品走出去的渠道与平台变得多元、高效、便捷，影视产品的跨国制作、跨界传播日趋普遍，影视业的全球化加速推进。近年来，国际知名媒体在内容制作、渠道建设、宣传推介、市场运营等方面加强了合作，着力化解市场拓展中"水土不服"问题，减少"文化折扣"风险。实践证明，合作传播在提升传播效率、优化传播效果方面具有积极作用。本节主要分析美国家庭影院（HBO）、全国广播公司（NBC）等国际知名媒体机构开展国际内容合作和渠道合作等方面的成功经验，以供参考。

一、国际知名媒体的内容合作策略

影视产品具有显著的文化属性，在跨国传播中容易出现"文化折扣"现象。按照编码解码理论，影视产品跨国播出后，影视符号中所赋予的文化意义在另外一种文化语境中有时会被错误解码，原有意义出现减损、甚至偏离。近年来，中国《西游记》《舌尖上的中国》等知名影视产品在海外传播时都曾遭遇过"文化折扣"问题。每个国家在发展过程中积淀了丰富的历史、社会、文化资源，形成了自身文化特质。这些资源和特质借助媒体手段加以转换，运用影视语言进行编码后，可以在影视创作中发挥积极作用。在这方面，美国家庭影院频道（HBO）进行了成功探索。它在亚洲、拉丁美洲和欧洲等地都设立了当地公司，以此为依托有效地实施了内容合作策略。

美国家庭影院频道开播于1971年，是全球知名影视类频道。近年来，美国家庭影院频道积极拓展海外市场，与有实力的国际公司或当地公司制作本土化内容是其重要策略。在亚洲，美国家庭影院频道亚洲公司（HBO Asia）与葫芦公司（Hulu）在日本推出了原创日剧《神探夏洛克小姐》（*Miss Sherlock*）。《神探夏洛克小姐》取材自柯南道尔经典名著，而将背景设定在了现代的日本东京。该剧共8集，由竹内结子和贯地谷诗穗梨担任主角。《神探夏洛克小姐》于2018年4月在家庭影院频道（HBO）及其网络电视平台HBO Go首播，每周五更新1集。另外，美国家庭影院频道亚洲公司在2018

年与中国台湾公共电视公司（简称公视）、新加坡IFA公司共同出资制作了首部华语原创电视剧《通灵少女》(The Psychic)，该剧在台湾完成拍摄，在亚洲23个国家和地区播出。《通灵少女》是在台湾短片《神算》的基础上改编的，改编后的故事与其说是跟宗教题材相关，不如说是一个关于爱情、成长的主题。这样的策略或许才是美国家庭影院频道亚洲公司制作原创影视剧的重点，一个与亚洲当地的特殊背景相关的题材，搭配各国观众都能轻易理解的爱情故事。

在拉丁美洲，美国家庭影院频道拉丁美洲公司（HBO Latin America）积极与拉丁美洲影视机构开展内容合作，自从2004年以来已制作了多部原创影视剧和纪录片，如《催眠师》(El Hipnotizador)、《宏伟的70》(Magnífica 70)、《商战》(El Negocio)和《阿维拉先生》(Sr Ávila)等。2017年，该公司与阿根廷Pok-Ka公司合作，在阿根廷以超高清格式（4K）拍摄了8集原创剧《青铜花园》(El Jardin de Bronce)。该剧根据阿根廷小说改编，全部在阿根廷拍摄，并全由阿根廷知名演员出演。该剧于2017年6月播出，并同时面向整个拉丁美洲地区发行。该剧除了在传统付费电视频道上播出之外，还同时在网络电视等新兴媒体平台上播出。在欧洲，美国家庭影院频道欧洲公司（HBO Europe）也持续推进与当地公司的本土原创影视剧合作制作力度。为了强化影视剧的本土化特质，美国家庭影院频道欧洲公司举办了首届亚得里亚地区剧本大赛，并从中选出了两部剧的剧本，并于2017年在克罗地亚和塞尔维亚分别制作成一部本土原创影视剧，即Uspjeh和Otok。Uspjeh是犯罪题材，片中对塞尔维亚社会中黑暗面进行了深刻剖析；Otok是一部侦探主题的恐怖片。此外，美国家庭影院频道欧洲公司在欧洲多个国家正在或将要制作本土影视剧，如在波兰制作Wataha，在捷克制作Burning Bush等。

除了传统内容合作模式，欧美国家新兴媒体领域还出现了新型内容合作模式，例如美国优图网（YouTube）的"优图空间"（YouTube Space）就是一个成功案例。2018年，美国优图网在迪拜设立了中东和北非地区的首个"优图空间";"优图空间"设在迪拜影业城中,主要服务内容合作方(包括公司和个人),那些在优图平台上订户超过1万的内容制作方可以使用"优图空间"的影视拍摄和后期制作设备,那些用户规模不足1万的内容合作方则可以参加"优图空间"的开放课程、训练营和社区活动等。此前,优图已经在柏林、伦敦、洛杉矶、孟买、纽约、巴黎、里约、东京和多伦多开设了"优图空间"。可见,新的媒介环境需要新的内容合作方式,这也是应对日益激烈竞争环境的重要策略。美国优图通过"优图空间"在培养优质内容制作者、强化新型内容合作关系等方面都具有重要意义。

可以看出,美国家庭影院频道通过本土知名影视机构的内容合作,深入发掘当地优质创作题材和本土优秀剧本,在影视创作中运用当地文化元素,在拍摄制作中使用当地导游、演员,以此丰富本土文化内涵和当地市场特征,有效地强化其在区域和全球的传播力与竞争力。

二、国际知名媒体的渠道合作策略

渠道是影视产品走出去链条中的重要组成部分,也是一部影视产品得以进入市场的关键环节。对于从事影视产品出口的媒体机构来说,本土渠道是实现国际传播目标、取得市场效果的前提和基础。国际知名媒体机构通常会与目标国或目标市场的主流电视或电信运营商建立深度合作关系,共同开展内容播出、市场运营、宣传推介、用户服务等方面业务,实现风险共担、利益共享。以美国维亚康姆集团(Viacom)为例,它拥有丰富的频道和内容资源,需要通过渠道合作策略在海外充分拓展播出平台,实现这些频道和内容资源的有效分发,由此提升在全球市场的传播能力和盈利能力。

传统媒体集团通过开展渠道合作来拓展市场规模。美国维亚康姆集团旗下的知名品牌频道包括音乐电视频道(MTV)、尼克频道(Nickelodeon)、尼克幼儿频道(Nickelodeon Jr.)、黑人娱乐频道(BET)、喜剧中心频道(Comedy

Central）和派拉蒙频道（Paramount）等。尼克儿童频道已经在全球80多个国家播出，观众人数达到了5亿；音乐电视频道（MTV）在全球以32种语言播出，覆盖了全球160多个国家和地区。为了拓展在拉丁美洲的内容分发渠道，美国维亚康姆集团与西班牙电信集团（Telefónica）开展合作，维亚康姆集团的品牌频道（MTV、Nickelodeon、Nick Jr、Comedy Central、Paramount Channel）由此进入西班牙电信集团在拉丁美洲的网络电视平台Movistar Play播出。与此同时，维亚康姆集团品牌频道的新兴媒体业务（MTV Play、Nickelodeon Play、Comedy Central Play、Noggin）也通过西班牙电信集团业务平台向用户分发。在北欧地区，美国维亚康姆集团为了拓展当地市场的新兴媒体业务，也采取与当地主流电信运营商开展合作的市场拓展模式。美国维亚康姆集团在2017年10月开始在海外推出名为"派拉蒙+"（Paramount+）的网络视频点播业务（OTT），第一个目标市场就是北欧地区。"派拉蒙+"主要播出派拉蒙影业公司的新电影、经典电影以及音乐电视频道（MTV）和中央喜剧频道（Comedy Central）的800多集节目。"派拉蒙+"与北欧地区主流电信运营商合作，通过其平台面向其订户提供业务；这些运营商包括丹麦有线和电信集团（TDC）、挪威Get、瑞典Com Hem等。

新兴媒体机构更是利用内容产品、媒介技术等优势来推进海外渠道合作，积极拓展国际市场。美国奈飞公司近年来大力提升原创影视产品制作规模，依靠内容竞争力来提升渠道竞争力和品牌影响力，同时依托原创精品内容优势吸引国家主流渠道运营商开展合作。2018年，英国维珍传媒集团爱尔兰公司（Virgin Media Ireland）首席执行官托尼·汉威（Tony Hanway）表示，爱尔兰观众非常青睐英国和美国影视节目，奈飞公司具有丰富的内容资源，作为一个频道在其平台上分发有助于满足当地用户的需求。2018年，美国奈飞公司正式入驻英国天空平台，有效拓展了在英国的分发渠道。2017年，奈飞公司已经与全球60多个国家和地区的40家主流传统电视运营商建立了密切合作关系，合作内容涉及业务销售、营销推广、数字节目指南等。在海外市场，奈飞公司在当地运营商的支持下，针对当地市场特点开展本土化运营服务。以希腊市场为例，美国奈飞公司2016年进入希腊市场，2017年全面推出本土化服务，大部分节目（70%）采用希腊语字幕或配音播出、使用希腊语提供服务、采用欧元支付等。美国奈飞公司通常会选择当地有资源、有影响的通信公司或电视运营公司开展合作，由此迅速获取当地市场的推广网络、销售渠道和用户资源。

国际语境下的"渠道为王"或"内容为王"与国内市场语境有所不同，两者并不是针锋相对的对立关系。对于拥有优质内容资源的媒体机构，需要通过与渠道型机构开展合作来提升用户规模、市场空间；对于拥有优质渠道资源的媒体机构，则需要通过与内容型机构开展合作来提升业务吸引力、市场竞争力。概言之，对于拥有丰富内容资源的媒体机构而言，渠道合作策略是实现内容兑现、提升传播效果的必然选择。

三、国际知名媒体的宣介合作策略

影视产品走出去不仅仅需要在目标国开展影视合拍、打通传播渠道，还要在市场宣介方面加强与本土机构的合作，通过本土宣传推介活动提升频道、节目和服务的知晓度、影响力和信任度。媒体机构跨国开展宣称推广业务，需要深入了解和把握当地市场特征、主流宣介方式、受众接受特点等，并构建起一个长期、高效的宣传推介网络。与当地公司合作，可以大大缩短这些工作的时间周期，提升工作的效果。国际知名媒体公司通常会针对某个国家或区域，选择有资源、有实力的机构开展合作，利用其专业性和市场优势来提高开拓市场、开展宣介的精准度和效果。例如，半岛传媒网络公司（Al Jazeera Media Network，简称AJMN）2018年正式委托欧洲新闻集团（Euronews Group）负责AJ+的全球分发和品牌推广开展合作。AJ+是半岛电视台于2014年推出的新兴媒体业务，是半岛电视台新媒体旗舰品牌。AJ+主要面向

18~35岁年龄段群体，致力于激发受众关于新闻和文化的独特思考。AJ+以阿拉伯语、英语、西班牙语和法语推送内容，在美国脸谱平台上的月均观看量为5亿。欧洲新闻集团负责欧洲新闻台（Euronews）13个语种频道的制作播出、落地分发和品牌推广，在国际媒体内容分发和品牌推广方面具有显著的渠道与经验优势。欧洲新闻集团将利用已有合作渠道进一步深化AJ+的传播广度和深度。半岛传媒网络公司数字业务总经理亚瑟·毕希尔（Yaser Bishr）认为，AJ+自推出之初就依靠社交媒体平台进行内容分发，现在应该着手构建更为直接和多元的内容分发渠道。

在影视产品走出去过程中，宣传推介具有很高的专业性、系统性，绝非传统广告就可以完成，涉及市场营销、媒体公关、网络推介等多方面的工作。媒体机构在输出影视产品时，需要在海外市场上有效提升品牌知名度和影响力，而与有实力的媒体机构或广告公司开展合作，往往能取得事半功倍的效果。

四、国际知名媒体的经营合作策略

在合作传播的策略中，合作开展经营是最为深度的形式之一，也是拓展本土市场力度最大、最具可持续性的一种形式。经营合作策略常常以资本为手段，通过股权收购、合作投资等方式实现深度利益融合。我国媒体机构在推动影视产品走出去过程中，常常受制于体制机制，较少通过资本手段在海外开展合作经营。但在欧美国家，经营合作是广泛使用的一种市场拓展策略。

美国传媒机构在海外市场上常常会与那些资源丰富、优势互补的国际传媒机构进行强强联合，提高在目标国家伙地区的市场竞争力。美国哥伦比亚国际影业公司（CBS Studios International）早在2013年就与德国卢森堡广播电视传媒集团（RTL）组建了合资公司，即卢森堡广播电视传媒集团-哥伦比亚广播公司娱乐电视网（RTL CBS Entertainment Network，以下简称RTL CBS娱乐电视网），总部设在新加坡。2013年，RTL CBS娱乐电视网推出了

RTL CBS 娱乐频道，以英语和本地语言面向东南亚 29 个国家和地区播出。该频道主要播出综艺和娱乐类节目，以高清格式播出。该频道的节目内容主要荟萃美国哥伦比亚广播公司和德国卢森堡广播电视传媒集团的优质节目，包括哥伦比亚广播公司的"元素"（Elementary）、"今晚娱乐"（Entertainment Tonight）以及卢森堡广播电视传媒集团的"X 元素"（X Factor）、"名人学徒"（Celebrity Apprentice）等。随后，RTL CBS 娱乐电视网在 2014 年推出"RTL CBS 极限频道"（RTL CBS Extreme），主要播出冒险动作片、真人秀、极限运动等节目。这个频道同样覆盖东南亚地区，播出语言为英语和当地语言，播出格式为高清。为了进入俄罗斯市场，MTV 等美国传媒机构与俄罗斯公司开展深度合作。为了拓展阿拉伯市场，美国传媒机构就会与有实力的阿拉伯公司开展合作，例如美国探索传媒集团（Discovery Communications）2016 年与迪拜知名媒体管理与策划机构 BHS 媒体集团合作，针对西亚海湾地区的波斯语观众开办了一个免费波斯语频道"家居与健康波斯语频道"（Home & Health Farsi）。该频道主要播出探索发现集团的精选节目，也有一些本土制作的节目，如中东地区知名大厨主持的烹饪节目《盐与胡椒》（*Salt & Pepper*）等。该频道通过欧洲通信卫星公司的卫星覆盖播出。西亚海湾的波斯语观众约有 4000 万，主要分布在伊朗和阿富汗中部地区。

经营合作策略对于聚集优势资源具有重要作用，在提升国内外市场竞争力发挥着积极作用。美国全国广播公司（NBC）一直致力于在海外拓展市场，并着力在新闻报道领域与美国有线电视新闻网（CNN）一争高下。2017 年 2 月，美国全国广播公司（NBC）向欧洲新闻台（Euronews）投资 3000 万美元，购入 25% 的股份。欧洲新闻台将更名为欧洲新闻全国广播公司频道（Euronews NBC），并将由全国广播公司新闻频道总监黛博拉·特内斯（Deborah Turness）出任主要负责人，她兼管全国广播公司国际新闻业务。欧洲新闻台的主要股东是环球传媒网（Media Globe Networks），所持股份为 53%；它隶属于埃及萨瓦瑞斯家族（Sawaris），由纳吉布·萨瓦瑞斯管理。其余 47% 的股份属于 21 家公共电视台和3家地方管理机构。交易完成后，环球传媒网仍然是第一大股东。全国广播公司新闻频道和微软全国广播公司频道总监安德鲁·莱克（Andrew Lack）表示，全国广播公司在未来几年将积极拓展国际市场，如果凭一己之力白手起家的话，很难迅速在全球开展新闻业务和实现落地播出。欧洲新闻台在国际新闻业务和海外落地播出方面已经具备了很好的基础，在一些国家还具有较大优势，全国广播公司入股欧洲新闻台则有助于这一战略的实施。

随着全球化稳步推进和媒介变革深入发展，影视产品走出去迎来更多发展机遇和拓展空间。影视产品走出去需要创新合作理念、合作模式、合作平台，充分聚集各国、各领域的内容资源、渠道资源、推介资源、经营资源，持续强化在海外市场的发展动力和竞争实力。当前，中国的影视产品对于讲好中国故事、传播中华文化、促进中外文明互鉴等方面都发挥了积极作用，中国也在积极推动影视领域的国际传播能力建设。与欧美等国的国际知名媒体机构相比，我国影视机构在国际市场知识储备、经验积累、战略策略、技能技巧等方面还存在不足，尤其需要大力强化长期、安全、深度国际合作传播方面的战略规划和实施举措。当然，我国影视产品走出去的时间还不长，仍处在起步阶段，相信通过积极研究分析和参考借鉴国际知名媒体机构的成功经验，有效补齐短板和发挥自身优势，一定稳步提升中国影视产品在国际市场上的影响力和竞争力。

第三章

新兴媒体发展与国际影视产品走出去

第一节　新兴媒体背景下国际影视产品领域竞争的新特点

一、媒介变革时代的影视产品输出

影视产品的输出与媒介技术的发展密切相关。当前，新兴媒体蓬勃发展，网络电视等业务占据日益重要的市场地位。根据2018年市场数据，美国2017年网络电视业务市场产值为119亿美元，与2016年相比增长41%。网络电视业务市场产值在2018年达到166亿美元，到2020年预计达到256亿美元。

相比之下，美国传统付费电视业务在2017年的产值为1076亿美元，与2016年相比仅增长了1%。传统付费电视业产值在未来则将呈现持续减少的发展趋势。在2018年为1074亿美元，到2020年预计为1069亿美元。就传统付费电视业务的订户而言，2016年减少了220万，2017年减少了366万，2018年减少372万。根据预测，美国2017年年底时有3213万用户没有订阅传统付费电视业务，约占家庭总数的26.1%。2018年年底，美国有3676万用户没有订阅传统付费电视业务，约占家庭总数的29.6%。[①]

其他发达国家的媒介变革进程和方式也很类似。研究显示，瑞典使用网络视频付费点播业务的家庭平均订阅的网络视频点播业务数量为2.18，丹麦为2.13，波兰为2.12，英国为2.02，意大利为1.99，德国为1.76，法国为1.54，西班牙为1.52，荷兰为1.35。相比之下，美国略高于欧洲国家，为2.79。就互联网家庭中订阅了网络视频点播业务的比例而言，丹麦为71.4%，美国为71.1%，瑞典为69.6%，英国为60%，澳大利亚为59.1%，土耳其为56.2%，

---

① 参见：www.multichannel.com/news/study-us-ott-revenue-climbed-41-in-2017.

西班牙为55.6%,荷兰为54.8%,意大利为54.8%,沙特为54.3%,德国为49.3%,波兰为42.5%,法国为33.9%,日本为27.4%。①

中东北非地区传统的主流电视传播方式是卫星电视,但近年来网络电视也实现了蓬勃发展。根据2018年市场数据,中东北非地区网络视频业务用户规模在2013年至2022年间的复合年度增长率为64.2%;相比之下,传统付费电视业务仅为6.1%。其中,美国"星光播映"(Starz Play)在中东北非地区的市场份额位居第一,达到了26%;2020年,该业务的市场份额有望超过50%。"星光播映"的市场策略主要包括三个方面:渠道策略、内容策略和价格策略。渠道策略主要是与当地主流电信和付费电视运营商合作,包括Etisalat、du、Saudi Telecom Group、Ooredoo Group、Orange Jordan、Orange Egypt 和 Orange Morocco等;内容策略主要是提供高质量的本土内容和区域性内容;价格策略主要是针对不同市场采取不同的收费方式和价格标准。受益于此,该业务在2015年至2017年间的订户规模增长了112%。"星光播映"的主要市场是沙特阿拉伯,约占订户总数的一半。奈飞(Netflix)和艾克菲(Icflix)在市场份额方面分别位居第二、第三,份额分别是16%和11%。②2018年9月,美国星光播映又与西里派克斯公司(Cinepax)合作,进入巴基斯坦市场。西里派克斯公司是巴基斯坦最受欢迎的电影院线公司之一,在巴基斯坦全国8个城市11个地区拥有影院。

另外值得关注的一个现象是,随着媒介变革的深入,发达国家的一些媒体机构利用技术和资本优势把握先机、积极转型,在新一轮全球化变革中抢占海外市场。这其中的代表之一是美国奈飞(详见本章第三节)。截至2018年4月,美国奈飞在全球订户总数达到了1.25亿。奈飞公司在大多数海外市场中都已居于领先地位,包括欧美、亚洲等。即使在拉丁美洲这样语言、文

---

① 参见:www.broadbandtvnews.com/2018/04/11/ampere-analysis-us-svod-subs-plateaued-europe-grows.

② 参见:www.rapidtvnews.com/201804165l690/starz-play-hails-4th-year-with-26-share-of-mena-s-ott-sector.

化特征显著的市场中，奈飞公司也具有很强的市场竞争力。根据2018年市场数据，拉丁美洲网络视频订阅业务（SVOD）的活跃付费订户规模为1820万，与2017年同期增长了29.8%。活跃付费订户规模约占宽带用户的25.2%。美国奈飞在拉丁美洲网络视频订阅业务领域位居首位，在活跃付费订户中的份额为63%，其中巴西是其主要市场。克莱欧视频（Clarovideo）位居第二，付费订户规模的市场份额为20%，墨西哥是其主要市场。①奈飞公司的海外拓展意味着美国影视产品输出平台的扩张，而其新兴媒体属性更是推动这些产品在海外进行无孔不入地传播。

对于中国而言，影视产品传统输出渠道尚未形成比较优势，而新兴媒体输出渠道又亟待建设。可喜的是，中国影视产品在海外新兴媒体的传播力度越来越大，新兴媒体海外传播收益已直逼传统媒体。2018年3月，湖南芒果TV海外应用程序（APP）上线，海外用户有望实现爆炸性增长。上海电视台积极拓展OTT终端。其中，东方卫视国际频道进入新加坡星港公司（starhub）手机移动平台和网络电视平台；并通过国广东方机顶盒，在加拿大、英国、法国、新西兰、马来西亚、新加坡、越南等国落地，激活网络电视大屏端用户超过50万户。

更为主要的方式是利用国外的新兴媒体平台来传输中国影视产品。中国国际电视总公司与海外主要新媒体平台如优图（YouTube）、奈飞（Netflix）、剧迷（Dramafever）等建立了良好的合作关系，新媒体网络覆盖了东南亚、欧洲、北美、大洋洲、非洲等200多个有互联网服务接入的国家和地区，在新媒体平台累计上线近2万小时的电视剧、纪录片、卡通片、综艺等影视节目。湖南芒果TV先后在优图（YouTube）、脸谱（Facebook）、推特（Twitter）等重要国际社媒上建立了官方平台，覆盖全球240多个国家和地区。江苏台与优图达成战略合作，在该平台播出品牌节目。浙江华策集团以自主办台和联

---

① 参见：www.rapidtvnews.com/2018041651697/latin-america-svod-ott-subs-soar-over-2017.

合运营等方式，在美国最大视频分享网站优图以及 SIMUL TV 上创建了"华策剧场"专区，以汉语配音、英文字幕形式播出。华策集团旗下克顿传媒公司自制剧目全部上线 YouTube 克顿自营频道；华策在日影（Dailymotion）平台上线 2123 个视频，内容涵盖电视剧、纪录片、动画片、短视频等。

值得一提的是，媒介技术变革为所有国家提供了重新起跑的机会，甚至提供了弯道超车的机会，这就需要有效布局、认真规划、精准发力。

二、国际影视产品领域竞争的新特点

新兴媒体为全球影视产品的传播提供了一个更为便捷、高效和稳定的平台，全球影视产品领域的竞争也由此呈现新的特点，主要体现在以下几个方面。

1. 全球化与国际市场的整合

新兴媒体的发展进一步整合国际影视市场，加速了影视产品传播的全球化进程。在全球化时代和新兴媒介环境中，媒体领域的竞争对于企业规模、资本总量、节目资源数量和质量、商业模式以及媒介技术水平等都有很高的要求，这必然会导致市场的整合。这首先体现在作为传播主体的跨国传媒集团身上，尤其是它在海外的市场发展模式。根据欧洲视听观察室的研究报告，在欧洲网络视频点播领域，欧洲电影平均进入 2.8 个欧洲国家，而美国电影平均进入了 6.8 个欧洲国家。另外，80% 的欧洲电影最多在 3 个欧洲国家的网络视频点播平台播放，而 80% 的美国电影进入了 11 个欧洲国家的网络视频点播平台。就影院放映而言，欧洲电影平均进入了 2.6 个欧洲国家的影院，而美国电影平均进入了 9.7 个欧洲国家的影院；63% 的欧洲电影仅在本国影院上映。[①] 可以看出，随着新兴媒体发展，影视领域的全球化水平进一步提升，而美国影视产品在国际市场的竞争力和渗透力也明显得到强化。

---

① 参见：www.digitalveurope.net/559062/european-films-falling-short-in-international-vod-market.

当前，新兴媒体的发展进一步加剧了全球影视市场的整合，并将一些国家的媒体业带入危机之中。即便是媒体强国英国也难逃此命运。2017 年，英国天空广播公司首席执行官安德鲁·奈尔（Andrew Neil）在分析英国电视发展现状时就颇为担忧，认为英国广播公司（BBC）、独立电视台（ITV）、第四频道（Channel 4）等凭借目前的实力、财力、商业模式等，都难以应对激烈的市场变化和国际竞争。更为严峻的是，英国第五频道（Channel 5）、维珍传媒集团（Virgin Media）等都已被美国媒体收购，英国天空电视台（Sky TV）也面临被美国媒体收购的命运。2013 年，美国自由媒体环球集团（Liverty Global）将以 157.5 亿美元收购英国维珍传媒集团（Virgin Media）。2014 年，美国维亚康姆（Viacom）以 4.5 亿英镑的价格收购了英国第五频道广播有限公司（Channel 5 Broadcasting Ltd.）。2016 年，美国 21 世纪福克斯公司（21st Century Fox）出价 117 亿英镑收购英国天空电视台 61% 股份，此前已购入了 39% 的股份；但直到 2017 年 3 月，该笔交易仍处于英国通信管理局（OFCOM）的行政审查之中。曾有学者预测，未来市场可能出现的情景是，少数全球性媒介巨头可能会吞并十几个或者更多在欧洲、亚洲、南美洲市场上的一些有竞争力的媒介公司。[①]

2. 网络化与国家边界的模糊

新兴媒体克服了传统媒体时代的传播国家边界问题，即传统电视时代影视产品跨国出口需要解决的地理边界等问题。而且，新兴媒体还进一步提升了影视机构本土制作与全球分发的效率。例如，美国奈飞公司在拉丁美洲制作一部本土影视剧，除了在拉丁美洲分发外，还会同步推向奈飞公司在海外的 190 多个市场。当然，新兴媒体平台在解决了边界问题的同时，原有的本土化运营等问题则更显重要，这也是当前媒体机构大力强化和优化的业务环

---

① [美]詹姆斯·沃克、道格拉斯·弗格森著，陆地、赵丽颖译：《美国广播电视产业》，北京：清华大学出版社 2005 年版，第 198 页。

节。例如，美国奈飞公司在通过新兴媒体平台进行全球内容分发的同时，也会采取标准化模式开展本土化运营，即采用本土化风格和语言的网络业务平台界面，播出一定本土比例的节目内容，使用本土语言配音或字幕。以波兰市场为例，奈飞公司与波兰 T-Mobile 签署了合作协议，奈飞订户可以通过 T-Mobile 账号付费。奈飞公司在波兰的网络电视业务采用完全本土化的用户界面，在播出的节目内容中，80% 使用波兰语配音或加上波兰语字幕。奈飞公司在全球其他市场大多采取同样的经营模式，以有效消解传播边界问题，同时又能提升经营效果。

传统电视媒体积极利用新兴媒体渠道开展跨国业务，形成新兴渠道与传统渠道兼容并用的格局。例如，美国家庭影院频道（HBO）针对观众收视习惯的变化率先变革，推出了两个新兴媒体业务，一个是名为"HBO Go"的"电视无处不在"业务，另一个是名为"HBO Now"的网络电视业务。早在 2012 年，家庭影院频道就开始面向北欧地区推出了网络电视业务，此后又与亚马逊公司开展合作，进一步拓展网络电视业务。2015 年，美国家庭影院频道推出了名为"直播家庭影院"（HBO Now）的付费网络电视业务，每月资费为 12 美元。该业务进入了包括中国香港在内的多国电视市场，观众通过该网络电视客户端即可登录，在智能手机、平板电脑、个人电脑等终端上观看 HBO 和 CINEMAX 等频道的内容。此前，家庭影院频道的网络电视业务已经在美国和北欧地区上市。同年，美国家庭影院频道将其网络电视平台"HBO GO"拓展到了哥伦比亚、巴西等拉美国家。2016 年年底，美国家庭影院频道在西班牙推出了网络电视业务。该业务主要面向沃达丰电信用户，节目内容为家庭影院频道已经播出的热播剧，并在西班牙享有新剧的独家播出权。可以看出，无论是新兴媒体机构还是传统媒体机构，在跨国业务中都积极利用新兴媒体技术来制作、播出、分发节目，在传播渠道的物理层面上消解国家边界概念。

3. 资本化与超级传媒集团的霸权

新兴媒体为节目制作和内容分发的全球化提供了条件和基础，也成为资本运作的重点领域。西方发达国家的媒体机构通过投资并购、合资等方式，实现跨国资源整合。以美国为例，美国自由媒体环球集团（Liberty Global）近年来在海外持续投资，在全球电视节目分发渠道领域占据了重要地位。该集团在 2005 年收购了瑞士凯博康姆公司（Cablecom），它在用户规模上位居瑞士首位；同年，以 37 亿美元的价格收购了瑞士有线通信公司（Cablecom）。2010 年收购了德国统一传媒公司（Unitymedia），它是德国第二大有线电视公司；2011 年又斥资 43 亿美元收购了德国巴登符腾堡有线电视公司（Kabel Baden Wurttemburg，简称 KBW），它是德国第三大运营平台。2013 年 2 月，该集团收购了英国维珍传媒集团。同年，自由媒体环球集团斥资 2.92 亿美元收购了波兰阿斯特公司（Aster），这是一家有线电视运营公司。2012 年，该集团收购了瑞士特力梅琳公司（Telemeyrin），大大提升了其在该国法语区的用户规模；同年，该集团旗下的载闻集团（Chellomedia）收购了美国米高梅公司（MGM）的 13 个国际频道。2013 年，美国自由媒体环球集团支付 8.1 亿欧元收购了吉勾公司 12.65% 的股份，随后将持股比例增加到了 28.5%，并于 2014 年全资拥有吉勾公司。2014 年，自由媒体环球集团以股权交易的方式全资拥有了智利 VTR 公司，同年，该集团以 4.81 亿英镑从英国天空广播公司（BSkyB）购入英国独立电视台（ITV）6.4% 的股份，并以 2.725 亿美元的价格收购了波多黎各选择有线电视公司（Choice Cable TV）。2015 年，美国自由媒体环球集团收购了英国独立电视台 3.5% 的股份，将持股比例增加到了 9.9%。经过多年的收购、并购，美国自由媒体环球集团优化了经营结构，强化了资源整合，以适应新兴媒体时代国际传媒发展特点。美国自由媒体环球集团首席执行官迈克·福瑞斯（Mike Fries）表示，该集团未来的战略重点在节目版权、制作和地面电视频道等；就资本收购战略而言，重点在于目标国家内所占有的市场规模。

美国传统电视台也积极参与跨国资本运作，致力于实现内容与渠道的有效融合。2016年12月，美国21世纪福克斯公司和英国天空集团达成了收购协议，前者支付117亿英镑的价格收购后者61%的股份，此前前者已持有后者39%的股份。美国21世纪福克斯公司将英国天空集团的市值定为185亿英镑（约合220亿欧元）。这项收购案需要经过英国政府内阁和媒体监管机构的审核方能生效。截至2016年6月底，英国天空集团在英国、爱尔兰、奥地利、意大利和德国等从事付费电视、通信以及网络业务，用户规模约为2200万。

除了西方发达国家媒体机构之外，一些知名国际媒体也致力于跨国资本运作，抢占内容制作、播出、分发平台等领域的优势。例如，半岛电视台近年来正在稳步推进其宏大的国际发展战略，着眼于构建一个全球性的媒体集团，业务涉及电视频道播出、付费电视运营、体育赛事节目版权等。半岛电视台通过收购等方式已经在美国、巴尔干地区和埃及播出了本土化频道，并在意大利、土耳其等国家以参股控股方式进入当地电视市场。2016年，半岛电视台旗下的碧影传媒集团（BeIn Media Group）完成了从土耳其TMSF基金会收购土数公司（Digiturk）所有程序。土数公司平台上播出219个标清和高清频道，用户总数为330万。碧影传媒集团表示，收购土数公司是很自然的战略步骤，因为土耳其处在中东邻近地区的核心位置。2016年3月，碧影传媒集团还收购了美国好莱坞制片厂Miramax。

在新兴媒体发展的大背景下，节目制作、传输和分发的全球化特征更为显著，对于规模的要求也更为迫切。通过收购、并购，传媒机构一方面可以优化媒体机构的经营结构，及时完善自身的技术研发和应用能力，在全球范围内有效满足新出现的市场需求，有效拓展自身的业务规模；另一方面可以有效增加用户群，通过扩大用户规模来提升经营效益。

第二节　新兴媒体背景下影视产品的市场逻辑与用户思维

影视作品兼具政治属性、文化属性和商业属性，不可偏废。早在20世纪20年代，美国商会主席赫伯特·胡佛敏锐地注意到美国电影业具有对外输出宣传美国消费品和美国"生活方式"的潜能。鉴于此，美国政府很早就开始资助、鼓励出口美国电影，于是，按照美国电影协会所宣称的，美国电影随之成了"全世界最炙手可热的商品"。[①]西方学者曾指出，只要想一想好莱坞是如何呈现日本人、俄罗斯人以及共产主义者的，就能发现国际冲突是怎样紧密地与意识形态相联系的，而且这种情况还会持续。[②]另一方面，在全球化时代，资本和技术的跨境流动，以及节目制作和模式的跨境合作正日益模糊了传统广电节目传播的国界概念。因此，我国要高度重视影视产业在国际传播和文化交流中的作用，站在全球化竞争的角度推动影视产业的规范化、国际化发展，强化影视产业的整体实力和国际竞争力。另一方面，我国影视作品要着眼国际市场竞争，学习和适应国际竞争规则，通过多种渠道推进影视走品"走出去"和"走进去"。近年来，新兴媒体发展正在全面改变全球电视业的发展环境和竞争形势，也在迫使影视走出去和电视国际传播进行变革。新兴媒体的发展是基于互联网这个联结全球的巨大网络，依托互联网实现内容分发的全球化、即时化和互动化，传统时代的电视传播方式和范围都被彻底改变。根据对全球48个国家和地区2017年电视剧跨国贸易数据分析发现，跨国播出（传统电视频道和网络电视平台）的电视剧为4100部，其中英国、

---

① ［英］戴维·莫利 凯文·罗宾斯著，司艳译:《认同的空间》，南京：南京大学出版社2001年版，第301页。
② 科林·斯巴克斯:《重温文化帝国主义》，载于单波、刘学主编《全球媒介的跨文化传播幻想》，上海：上海交通大学出版社2015年版，第38页。

美国、法国、德国和土耳其在电视节目出口规模方面位居前五位。美国电视节目的出口范围较为广泛;英国主要面向北欧出口节目,一半以上的节目都出口到了北欧;法国的电视节目主要出口到周边国家,以意大利和葡萄牙为主;土耳其的节目主要出口到东欧、中东和南美。① 在新兴媒体时代,美国等具有内容资源和传播技术优势的国家在全球影视贸易中日益凸显"强者愈强"的地位。借助新兴媒体平台,美国传统电视播出机构都在积极变革,跨国开展影视播出业务。美国星光频道(Starz)是美国主要影视频道之一,与家庭影院频道(HBO)等齐名。目前,星光频道(Starz)已在中东北非地区推出了网络视频点播业务"星光播映"(Starz Play),在2015年至2017年间的订户规模增长了112%,居于市场领先地位。2018年,美国"星光播映"(Starz Play)在中东北非地区的市场份额达到了26%,位居第一;2020年,该业务的市场份额有望超过50%。② 星光频道仅是美国影视产品输出的一个缩影,美国众多媒体集团和影视机构纷纷借助新兴媒体平台拓展海外市场,积极在新的竞争态势中谋求优势地位。

一、影视产品的市场逻辑

在新兴媒体时代,影视作品的跨国传播要实现两个关键转变,即从做节目转变到做产品,从服务观众到服务用户。在全球化大背景下,影视产品早已具有产品属性。1999年,"二战"后成立的关贸总协定发展成世界贸易组织。世界贸易组织与关贸总协定相比,所发生的一个重大变化是由前者的货物贸易扩大到服务贸易,这就使一部分文化产品作为商品进入国际贸易领域。③ 而

---

① 参见:www.digitaltveurope.com/2018/04/09/eurodata-reveals-tv-viewing-and-content-trends-at-miptv.
② 参见:www.rapidtvnews.com/201804165l690/starz-play-hails-4th-year-with-26-share-of-menas-ott-sector.
③ 关世杰:《中国文化国际影响力调查研究》,北京:北京大学出版社2016年版,第9页。

当前在新兴媒体背景下,影视产品的市场属性在网络空间中又进一步被强化。传统电视业在做好做强原有产品的同时,还要积极开发新业务、推出新产品,以更好地把握媒介变革带来的机遇。早在 20 世纪 80 年代早期,一台录像机价格为 1000 多美元,录像带的售价为 90 美元,录像带当时绝对是富人的媒体。到了 80 年代末,录像机的价格降至不足 200 美元,85% 的美国家庭都拥有了录像机。但录像带的价格并没有大的变化,零售价仍然是 90 美元。当时,迪斯尼公司意识到,如果价格合适,普通人会购买录像带。于是,迪斯尼公司就推出了发行录像带这项新业务。迪斯尼公司发行的第一部录像带是《女士和流浪汉》(Lady and the Tramp),它的市场定位就是家庭购买,定价为 29.95 美元。最终,这部录像带取得了 320 万部的销售业绩。[1]可见,在媒介变革时代,大量新机遇会孕育其中。传统电视要抓住当前媒介变革的机遇,强化市场逻辑、注重市场策略。市场逻辑的关键在于推进影视产品的供给侧结构性改革,提升传播的针对性、贴近性和有效性,切实满足观众的需求。就产品逻辑的实践路径而言,传统电视业要高度重视定位、销售和渠道这三个关键要素。

1. 定位

在新兴媒体背景下,传播不再是线性的,而是非线性的;不再是狭义上的渠道,而是广义上的平台。因此,定位需要准确;通过系列产品的不同定位,实现对"大众"的有效覆盖和服务。影视作品定位的关键在于全面了解目标受众。传统电视与新兴媒体在业务操作层面上的一个重大差别是对观众的了解、认知和把握。电视观众对于传统电视而言是受众,而对于新兴媒体而言是用户;传统电视关于电视观众在"画像"是笼统、抽象、模糊的,新兴媒体关于用户的"画像"则是精准、具体和清晰的。在新兴媒体时代,大数据等先进技术正在帮助媒体完成过去不可能实现的分析,从而实现对受众的精准

---

[1] [美]卡尔·夏皮罗、哈尔·R.范里安著,孟昭莉、牛露晴译:《信息规则:网络经济的策略指导》,北京:中国人民大学出版社 2017 年版,第 80 页。

了解。以全球网络电视业务的代表性企业奈飞（Netflix）为例，它每天搜集到用户高达 3000 万个行为信息，以及订阅用户近 300 万次的搜索行为和 400 万次的在线评价信息。通过大数据分析，奈飞公司能较为准确地掌握观众喜欢的影视题材、导演、演员等关键要素以及这些要素之间的相关性。该公司制作的《纸牌屋》（House of Cards）之所以会大获全胜，秘诀就在于该剧在拍摄前就进行了深度数据分析，通过用户行为数据来掌握用户需求，进而制作定制化内容，打造完美产品和服务。另外，奈飞公司也能通过数据分析全面掌握观众的收视行为特征，从而采取相应的传播策略。例如，大数据分析显示，大多数观众喜欢一次性看完一部电视剧的全集。因此，奈飞在播出《纸牌屋》时，选择了一次性播放 13 集。① 可见，当今的电视媒体和传播机构首先要在影视作品的产品定位上做足文章、做好文章、做准文章。

2. 营销

市场策略的另一个关键要素是营销。在新兴媒体背景下，互联网上的节目和服务都是浩如烟海，营销就显得尤为重要，这也是媒体内容产品或服务被关注、订阅、管控的前提条件之一。在这方面，美国传媒业有着悠久的传统和丰富的经验。例如，美国哥伦比亚广播公司（CBS）在赌城拉斯维加斯的米高梅酒店里建造了"CBS 电视城"。这里有一个技术顶尖的测评中心，是哥伦比亚广播公司研究电视观众行为的地方；一年 365 天、每天 10.5 个小时，人们在这里不停地看电视、广告、样片，借助这些测评的数据来优化剧情和角色塑造。紧邻测评中心的是 CBS 节目的 IP 衍生品用户体验馆，游客可以体验或购买节目中的道具、设备、服装等，也可以与节目中的角色模型拍照。整个区域内，CBS 品牌形象、节目宣传推广、剧中角色、赞助商商品等巧妙

---

① ［美］卡尔·夏皮罗、哈尔·R. 范里安著，孟昭莉、牛露晴译：《信息规则：网络经济的策略指导》，北京：中国人民大学出版社 2017 年版，第 6 页。

地融为一体。①在新兴媒体背景下，营销方式更为多元，营销技术也更为先进。英国有一句谚语："到有鱼的地方钓鱼。"这句话应用到传媒领域就意味着：媒体必须要到有用户的地方去做传播。对于电视业的产品营销而言，"到有鱼的地方钓鱼"则可以改写为"要钓鱼前先吸引鱼。"随着国际媒介环境的变化，电视国际传播的营销理念也在变化。当前，国际一流媒体在市场营销方面已经实现了诸多重大转变，其中一个就是从交易营销转向关系营销。②换言之，当前影视作品走出去需要借助新兴媒体平台，尤其是社交平台来强化与受众互动性，将传统时代媒体与受众之间的弱关系升级为强关系。

3. 渠道

在新兴媒体背景下，影视产品的传播与分发正在呈现新的景象：网络视频播放平台成为重要渠道，视频网站与电视台各执一席话语权，电视由单屏投放向多屏互动迈进。③新兴媒体平台在影视产品的海外发行中具有越来越重要的作用，未来甚至会成为一个主导性的渠道。根据2018年8月发布的研究数据，美国17%的人口仅通过奈飞、亚马逊和葫芦等网络视频平台观看视频节目，而不使用传统付费电视业务。此前在2017年，这一比例仅为11%。在这些网络视频点播业务的用户中，40%订阅了一个网络视频点播业务，37%订阅了两个网络视频点播业务，23%订阅了三个网络视频点播业务。④美国的媒介使用情况在全球也具有一定的代表性。为了充分应对传播方式变化，法国维旺迪集团（Vivendi）在2016年推出了"演播室+"（Studio+）的应用程序，它主要针对移动视频观众提供高端付费视频业务。"演播室+"应用程序最先于2016年在巴西和几个拉美国家推出，随后进入意大利，2017年在法国正式

---

① 戴钟伟主编：《智慧生产：互联网+时代下视听内容的生产与创新》，上海：复旦大学出版社2017年版，第150~154页。
② 唐润华等：《中国媒体国际传播能力建设战略》，北京：新华出版社2015年版，第296页。
③ 唐润华等：《中国媒体国际传播能力建设战略》，北京：新华出版社2015年版，第5页。
④ 参见：http://www.digitaltveurope.com/2018/08/02/npd-17-of-us-viewers-use-only-svod-services-for-video.

投入商业运营。维旺迪集团与目标国移动通信运营商建立紧密合作，将"演播室+"业务与移动通信运营商的移动数据进行捆绑销售，或由移动通信运营商将其作为增值业务单独销售。作为补充，维旺迪集团也以"直销"的方式向用户提供"演播室+"业务。目前，"演播室+"业务的价格标准是每月3.99欧元。传统电视开展跨国业务需要借助卫星等相对昂贵的传输覆盖手段，网络电视平台主要通过互联网开展业务，成本相对低廉。可根据2017年数据，欧洲网络电视平台主要有673个，其中153个定位于国外市场。在欧洲国家中，英国的网络电视平台有226个，其中82个定位于国外市场，总数位居欧洲国家之首。荷兰外向型网络电视平台总数在欧洲位居第二，全国有51个网络电视平台，其中18个定位于国外市场。法国的网络电视平台总数虽然位居第二，共有115个，但仅有10个面向国外市场。卢森堡的网络电视平台总数为20个，其中13个面向国外市场。德国有52个网络电视平台，其中6个面向国外市场。瑞典有21个网络电视平台，其中7个面向其他北欧国家。南欧和东欧国家受制于网络基础设施和影视发展水平，基本没有本土的网络电视业务平台。① 可以预见，未来越来越多的影视产品会利用网络电视平台开展国际销售和分发业务。

可以说，新兴媒体发展让影视内容产品和服务产品拥有了更多分发渠道和销售平台。当前，欧美国家网络电视订户规模持续增长，网络电视已经成为一个主流渠道。即使在拉丁美洲、非洲等地区，网络电视也显示出强劲的发展态势。2018年拉丁美洲市场数据显示，拉丁美洲网络视频订阅业务（SVOD）的活跃付费订户规模为1820万，与2017年同期增长了29.8%。分发渠道和销售平台的增多对于电视内容产品尤为有利，因为影视产品遵循着不同于常规产品的经济学规律。用经济学的语言来说，影视产品遵循的是"边际成本"规则，即生产的固定成本高，复制的可变成本低。这种成本结构产

---

① 参见：www.broadbandtvnews.com/2017/11/15/quarter-of-european-ott-platforms-target-cross-border-audiences.

生了巨大的规模经济：你生产得越多，生产的平均成本越低；另一方面，影视产品的销售规模超过一定规模后，成本几乎可以忽略不计。渠道的多元化也增加了交易的便利性（Convenience）。所谓"交易的便利性"是美国劳特朋提出的 4P 营销理论的核心环节，这种理论认为，当面临若干个交易对象时，消费者总是选择最方便的一个完成该交易，因此，国际营销的关键环节之一，就是不断提高交易的便利性，提高被消费者选择的概率。[1] 正因为如此，新兴媒体发展为传统电视业带来了巨大发展机遇，但必须具备市场逻辑才能认识和把握这份机遇。

二、影视产品走出去的用户思维

在新兴媒体时代，影视机构要以用户为中心来制作、分发内容产品；要针对不同受众需求提供不同版本的内容产品，开发和构建一个完整的内容产品系列。借助大数据等新兴技术，影视传媒机构可以较为准确地获取受众需求信息。当前媒介变革为电视业的升级提供了难得机遇，影视产品生产正从传统模式升级到智慧模式。在智慧生产模式中，影视产品的生产基于用户源源不断的数据反馈，持续调整和改善，在交互中渐趋完美。[2] 概言之，当前用户思维是媒体发展的前提和基础，而用户思维的核心在于因应新的媒介技术变革和传播方式，全面优化影视产品分发平台，有效满足观众（用户）新变化、新特征和新需求。就用户思维的实践路径而言，传统电视业要切实做好以下三个方面。

1. 精准把握用户特征

在传统媒体时代，影视业是以市场为中心构建产业链；当前，影视业需要以用户为中心重新构建产业链，一切内容生产和经营活动都要以用户为中心

---

[1] 转引自唐润华等：《中国媒体国际传播能力建设战略》，北京：新华出版社 2015 年版，第 290 页。
[2] 转引自唐润华等：《中国媒体国际传播能力建设战略》，北京：新华出版社 2015 年版，第 11 页。

开展。为此，准确把握用户特征、获取用户数据成为重中之重。因为有了数据，我们可以推进与用户的密切关系，从数据中挖到好东西。谷歌董事长埃里克·施密特曾说过："除非你是上帝，否则任何人都必须拿'数据'说话。"①当前，欧美国家媒体都在积极运用新技术、新理念来收集和分析受众数据，准确把握受众特征。2018年，英国广电受众研究委员会（BARB）开始采用新一代4屏收视测量体系，有机整合电视、平板电脑、个人电脑和智能手机四种收视终端的收视数据，形成融合版的收视数据。英国广电受众研究委员会已在全国样本家庭的4屏终端上安装了这套系统的监测和数据采集软件，有效采集用户在移动终端上的点播和流媒体直播收视数据。2018年，美国自由媒体环球集团（Liberty Global）向桑巴电视公司（Samba TV）注资750万美元，以利用桑巴电视公司的受众测量技术来强化受众数据收集和分析能力。桑巴电视公司通过内置在智能电视机和联网设备中的软件开展电视观众收视测量业务，为电视台、机构以及品牌提供传播效果情况的受众数据。2018年，美国全国广播公司环球公司（NBCUniversal）正式推出了名为"CFlight"新一代收视数据测量体系，有效整合了传统线性电视和新兴媒体平台上的收视数据，这也是该公司提升广告销售增值空间的重要举措。传统电视平台上的电视收视率呈下降趋势，电视台就需要通过新兴媒体平台上的视频播放效果来吸引广告投放。2017年冬奥会期间，全国广播公司环球公司试运行了"CFlight"系统，并借助该系统的数据销售广告，广告收入达到了9.2亿美元。可见，准确把握用户特征不仅有利于内容产品的准确定位，也有助于盘活广告资源，提升盈利空间。

2. 与用户建立直接联系

在新兴媒体时代，与用户之间建立的关系变得非常关键；这也是互联网

---

① ［加］米奇·乔尔著，曲强译：《重启：互联网思维行动路线图》，北京：中信出版社2014年版，第64、68页。

时代的市场生存之道。现代营销大师舒尔茨提出的 4Rs 营销新理论（关联 Relevance、反应 Reaction、关系 Relationship、回报 Return）认为，在今天的相互影响的市场中，对经营者而言，最重要的是如何站在顾客的角度及时倾听顾客的希望、渴望和需求，并及时答复和迅速做出反应，满足顾客的需求。面对迅速变化的市场，要满足顾客的需求，建立关联关系，企业必须建立快速反应机制，提高反应速度和回应能力。① 还有学者指出，当前商业成功的关键在于企业能否转变方式，从注重数据库里的用户数量，以及如何更有针对性地进行广告营销，转变为关注用户本身，以及如何与他们建立最牢固的联系。反言之，不建立直接用户关系，就没有前途。② 对于影视作品走出去而言，商业领域的营销理论同样适用。当前，传媒产业发展正导致许多原有界限的消失，包括娱乐与媒体之间的界限、技术与电信产业之间的界限等。大型互联网连接业务提供商与内容分发商将逐渐实现纵向融合，网络巨头将逐渐横向拓展到内容领域。另外，印刷与数字、视频游戏与体育、无线与固网、有线与互联网、社交媒体与传统媒体等领域之间的界限也在相互消弭。因此，商业模式亟须重新定位和变革，由此增加营业收入来源和增加规模的相对性；这也要求现代传媒机构更加精准地聚焦用户，与用户之间建立更有效的联系。

3. 注重用户体验

从经济学角度来说，影视产品属于"体验产品"（Experience Good）。所谓"体验产品"是指消费者必须体验后才能进行评价的产品。在传统商业领域，几乎所有的新产品都是体验产品，免费样品、价格促销等举措则是让消费者了解新产品的重要策略；但影视产品在每次被消费时都是体验产品。注重用户体验的目标是提高用户的满意度，从而提升用户的忠诚度。值得注意的是，传统电视业在用户体验方面并不尽如人意。用户体验不仅体现在影视产品的

---

① 转引自唐润华等：《中国媒体国际传播能力建设战略》，北京：新华出版社 2015 年版，第 293 页。
② 转引自唐润华等：《中国媒体国际传播能力建设战略》，北京：新华出版社 2015 年版，第 6,7 页。

满意程度，还体现在获取内容产品的便捷程度，以及观看过程的流畅程度。

产品逻辑和用户思维还可以从其他角度进行论述和阐释。例如，产品逻辑和用户思维可以从影视传播属性的角度进行分析。影视传播具有多重属性，例如商业属性、文化属性、宣传属性等；在不同国家、不同媒介体制或不同历史发展阶段，其中某种属性会被强化。例如，法国在20世纪80年代以前，非常注重影视节目的文化属性，后来在外部竞争推动下，才开始重视影视节目的商业属性。相比之下，美国从影视业的最初发展阶段就突出其商业属性。中国电视业的定位与西方国家不同，是公共事业，而非商业服务。尽管如此，中国电视业在面对新兴媒体挑战和媒介变革形势时，仍要强化产品逻辑和用户思维。其中，产品逻辑的关键在于推进电视节目内容和服务的供给侧结构性改革，切实满足观众的需求。用户思维则要因应新的媒介技术变革和传播方式，积极优化电视内容播出渠道和分发平台，充分契合观众新的收视方式。对于中国影视走出去而言，无论从对外宣传还是从国际贸易的角度出发，影视作品的产品逻辑和用户思维必须高度重视，绝不可用对内的宣传属性来禁锢对外的商业属性，否则根本无法融入国际竞争体系，也无法适应新兴媒体发展，也就无从谈起国际传播能力建设。

第三节　美国奈飞公司的海外市场发展策略及其对国际传播的启示

美国奈飞公司（Netflix）是当前全球最大的网络视频平台，创办于1997年，当时主要从事DVD租赁业务。该公司虽然发展历史不长，但成长速度很快，充分利用新兴媒体发展机会实现业务转型升级，并在全球化背景下积极有效地拓展国际市场，目前其订户规模、营业收入等都稳居同类公司前列。除在欧美国家占据市场前列之外，奈飞公司在拉丁美洲、非洲国家也都居于市场领先地位。在拉丁美洲，美国奈飞公司2018年在拉丁美洲网络视频订阅业务领域位居首位，在活跃付费订户中的份额为63%；在非洲撒哈拉以南35个国家，奈飞公司的市场份额占40%，名列前茅。[①] 当前，随着全球化的推进，传统电视媒体都面临着全球电视市场的激烈竞争，亟须通过融合发展和转型升级来提升国际竞争力。这其中，奈飞公司的发展策略和成功经验就颇具借鉴价值。

一、奈飞公司的发展历程与现状

奈飞公司成立于1997年，创办人为里德·哈斯廷斯（Reed Hastings）和马克·伦道夫（Marc Randolph）。当时，公司总部设在硅谷，公司名称"Netflix"是由"net"（网络）和"flicks"（电影）两个词组合而成。或许，"Netflix"翻译成"网影"更为贴切。

1997年正是影带租赁业务的黄金时期。当时，美国百视达公司（Blockbuster）几乎垄断了全部影带租赁市场，它在全国有9000家门店和6万名员工。奈飞公司在成立初期的主营业务也是DVD租赁业务，但在运营模式和服务方式上有所创新。当时，奈飞公司以邮寄的方式开展DVD租赁业务，订户支付一定费用后可以不限期租借一部电影。奈飞公司之所以选择DVD而不是录像带，是因为DVD更轻、成本更低，也更适合于邮递。在与百视达公司的竞争中，奈飞公司成功的关键战略是通过邮递而不是实体门店开展租赁业务。里德·哈斯廷斯后来回忆说，如果百视达公司比奈飞公司早两年采取邮递方式开展租赁业务，那奈飞公司绝无出头之日。

---

① 参见：www.broadbandtvnews.com/2018/06/26/africa-to-reach-10-million-svod-subs-by-2023.

里德·哈斯廷斯在斯坦福大学期间学习的是人工智能，并获得了计算机工程硕士学位。在参与创办奈飞公司前，他还创办过一家名为"完全软件"（Pure Software）的公司，主要业务是修复软件程序的缺陷和错误。马克·伦道夫也是这家公司的合伙人。两人把完全软件公司出售后，开始转向影带租赁市场。随着互联网的普及，奈飞公司调整了发展战略，转而通过互联网开展租赁业务。他们在网站上发布供租赁的片库目录，订户在网站上浏览和选择，然后通过网络下单。订户每月支付20美元，可以租借6盘DVD。奈飞公司在前四个月中共寄送出2万张DVD，营业额为10万美元。此后，奈飞公司开始研究如何减少运营成本，增加盈利空间。例如，为了节约成本，奈飞公司后来搬迁了DVD分发中心，并与邮局建立了更为紧密的合作关系。通过努力，一张DVD的人工和邮寄成本从6美元减少到了4美元，而且整个分发系统更为快捷、安全。2006年，美国DVD租赁和销售市场营业收入总额达到了270亿美元，达到了历史峰值。具有前瞻性的公司敏锐地意识到拐点即将到来，技术变革和业务模式创新势在必行。在奈飞公司成立约10年后，它借助流媒体技术将影视租赁业务的分发渠道从邮寄改为网络。在完成技术革新后，奈飞公司继续推进业务革新。

奈飞公司的租赁业务曾经长期依赖影视公司的内容资源，这不利于公司的长期发展。2012年，奈飞公司进入内容制作领域，拍摄了第一部原创电视剧《莉莉海默》（*Lilyhammer*）。这是一部8集电视剧，讲述一名前黑帮成员在"证人保护计划"下移居到挪威小城的故事。2013年是奈飞公司原创策略正式实施的第一年，并取得了一鸣惊人的效果。这一年，《纸牌屋》等原创影视剧一经推出，市场反响空前强烈，这进一步坚定了奈飞公司推进原创内容建设的发展战略。2016年，奈飞公司在原创内容方面的投资金额高达5亿美元，是当年美国家庭影院（HBO）原创内容投资额的三倍。有媒体曾经将奈飞公司与美国家庭影院频道进行比较，并问里德·哈斯廷斯："美国家庭影院频道是否会对奈飞构成威胁？"他回答说："奈飞的目标是更快地成为美国家庭影院,即在演进速度上要超过美国家庭影院成为奈飞的进程。"得益于正确有效的发展策略,奈飞公司取得了巨大的市场成功。2018年3月2日,美国奈飞股票价格上涨到每股301.05美元,公司市值达到了1300亿美元,与美国主要传统传媒集团不相上下,例如康卡斯特集团和迪士尼公司的市值分别为1690亿美元和1550亿美元。

奈飞公司是一家政治与市场、技术与艺术相互兼容、平台与内容高度融合的媒体机构。值得一提的是,奈飞公司非常注重"政治人脉"与市场效应的有效结合。2018年3月,奈飞公司任命前国家安全助理苏姗·E.赖斯为董事会成员。奈飞公司11名董事会成员还包括迪士尼/全国广播公司前首席执行官安妮·斯维尼,微软总裁和首席法务官布莱德·史密斯等。2018年,奈飞公司与美国前总统奥巴马达成了一项长期协议,双方联合制作电影和电视节目。奥巴马夫妇已成立了"高地制作公司"(Higher Ground Productions)来实施这个项目。双方合作的内容涉及连续剧、纪录片、特别节目等。在签署合作协议前,奥巴马在2018年1月曾在奈飞公司旗下知名主持人大卫·莱特曼(David Letterman)主持的脱口秀节目《大卫·莱特曼与名声遐迩的下一位嘉宾》(*My Next Guest Needs No Introduction With David Letterman*)中担任嘉宾。在激烈的媒介竞争中,综合性的资源实力是取得竞争优势的关键之一。

二、奈飞公司的国际市场发展情况

目前,美国奈飞已经成为全球网络电视市场首屈一指的公司。美国奈飞公司的全球订户总数在2018年4月达到了1.25亿,到2018年年底预计达到1.39亿,到2023年可能达到2.01亿。2017年,奈飞营业收入总额为113亿美元,到2023年预计增长到288亿美元。根据2018年数据,美国奈飞公司在大多数国家和地区的市场份额都位居第一。例如,在中东北非地区,美国奈飞公司居于市场领先地位,在整个中东北非地区的订户总数预计为741万,其中在阿拉伯国家中的订户总数预计为357万。① 在西欧地区，美国奈飞在西欧地区的订户总数将长期保持第一的位置，到2023年预计达到4975万，而西欧地区2023年网络电视订户总数预计为9885万。② 在东欧18个国家，美国奈飞公司的用户规模位居第一，为350万；在墨西哥，美国奈飞公司在市场份额方面位居第一，其中在18~34岁年龄段人口的份额高达70%；在亚太地区，美国奈飞公司2023年在该地区的营业收入预计为31.2亿美元，而整个亚太地区网络视频业务营业收入总额约为150亿美元。③ 在大洋洲，美国奈飞公司在澳大利亚网络视频点播业务市场中排名第一，订户总数为390万，而该国网络视频点播业务的订户总数为910万。④

奈飞公司在市场竞争方面的一个核心策略是战略合作。奈飞公司为了拓展内容分发渠道，积极拓展与电信公司、智能电视机等终端制造商等合作。以欧洲为例，2013年，英国维珍传媒（Virgin）是全球第一家与奈飞公司开展深度合作的付费电视运营商，奈飞公司的网络电视业务由此得以入驻其平台。同一年，瑞典Com Hem也与奈飞公司开始合作，成为全球第二家与奈飞公司进行平台融合的传统付费电视运营商。2016年，欧洲付费电视与新兴媒体的业务融合取得了历史性发展。这一年，在欧洲多国开展付费电视运营业务的美国自由媒体环球集团（Liberty Global）与奈飞公司签订了长期合作协议，在30多个国家的付费电视平台上增加奈飞的网络电视业务。2017年，奈飞公司与挪威电信集团（Telenor）建立长期合作关系。挪威电信集团将在其欧洲和亚洲市场上的移动通信和固话通信业务中增加奈飞公司的网络视频点播业务，并在费用支付、市场营销和机顶盒集成等方面开展合作。目前，挪

---

① 参见：www.digitaltveurope.com/2018/07/05/mena-set-for-big-svod-growth.

② 参见：www.digitaltveurope.com/2018/09/10/svod-use-in-western-european-tipped-to-reach-69-of-homes-by-2023.

③ 参见：www.rapidtvnews.com/2018072552930/asia-pacific-to-have-351-million-svod-subs-by-2023.

④ 参见：www.rapidtvnews.com/2018080152997/svod-feeds-australians-insatiable-appetite-for-streaming-content.

威电信集团已经在挪威、丹麦、瑞典、匈牙利、黑山、塞尔维亚、保加利亚、巴基斯坦、缅甸、孟加拉国、泰国、马来西亚和印度等13个国家开展移动通信业务，在北欧地区还开展宽带和电视业务，并局域市场领导地位。2017年，德国电信集团（Deutsche Telekom）、法国欧云吉（Orange）、阿尔提斯集团（Altice）等其他欧洲大型运营商纷纷与奈飞公司开展合作，在其平台上增加新兴媒体业务。2018年，美国奈飞公司与英国天空公司（Sky）又建立合作关系，正式入驻英国天空平台，有效拓展了在英国的分发渠道。奈飞公司会在合作伙伴制造的智能电视机上安装奈飞应用程序，并授予该制造商"奈飞推荐电视"（Netflix Recommended TV）品牌推荐许可。目前，韩国三星（Samsung）、乐金（LG）和日本索尼（Sony）等都是奈飞合作伙伴，也都被收了奈飞品牌推广许可。其中，与日本索尼的合作更为深入，索尼电视机的系统中不仅有奈飞应用程序，而且在遥控器上还专门设置了一个"奈飞"键，由此实现一键开启奈飞的应用程序。另外，2018年7月，奈飞公司在西班牙建立了首个欧洲制作中心。这个中心位于马德里的电视城中，是奈飞公司全球西班牙语内容生产的核心。为了有效运营和管理这个中心，奈飞公司与西库亚集团（Grupo Secouya）签署了一个多年合作协议，西库亚集团负责为奈飞公司管理制作中心的运营维护、独家制作服务等。

另外，奈飞公司非常注重宣传推广和市场营销。近年来，奈飞公司在市场推广营销方面的支出在大幅增长，2013年时为5亿美元，2016年时增长到了10亿美元。而市场推广营销方面的支出增长也抬升了经营成本，导致美国奈飞公司的订户发展成本日趋增长。2013—2015年，奈飞公司在美国国内市场增加一个新用户的成本为60美元，在国际市场增加一个新用户的成本为40~45美元。目前，奈飞公司从一个新用户身上回收前期市场营销和发展用户成本的周期也在拉长，国内市场为11个月，国际市场为4个月。

三、奈飞公司对于国际传播的发展策略启示与借鉴

奈飞公司在管理架构上充分尊重和发挥不同业务部门的独立性,通过体制机制创新来提升参与国际竞争的实力。奈飞公司设立了"产品发展部"(Product Development),负责奈飞公司在全球市场各类业务的设计、应用和运营,包括网站、设备、推荐引擎、流媒体技术等。部门设置了诸多商务和科技岗位,包括产品经理、设计师、大数据分析师、工程师、合作伙伴经理、数据科学家、分析师等。部门一些员工有在大型网络和科技公司的从业经历,如雅虎、微软、谷歌、惠普等。奈飞公司设立了"全球内容运营部"(Global Content Operations)。该部门的核心职责之一是内容本土化以及对平台上的内容进行质量控制,以确保内容在不同国家的播出具有合规性、针对性、贴近性。例如,该部门的一项工作内容就是确定一部影视剧在本土化时是采用配音还是字幕的方式,以及提升这些配音或字幕的准确性和满意度等。

奈飞公司积极实施原创内容策略来提升国际市场竞争力。奈飞公司在原创内容的投资从2013年的25.3亿美元增长到2015年的49.1亿美元。2015年时,在美国传统电视领域,只有迪斯尼公司(Disney)和全国广播公司(NBC)在节目制作投资方面超过了奈飞公司。2017年,奈飞公司投资制作了50部新作品,在美国网络原创影视作品中占到了70%以上的份额。2018年,美国奈飞在节目内容方面的投资额预计为80亿美元,年产原创剧规模达700部,其中80部在海外制作。除了数量取胜,美国奈飞公司投拍的原创剧在质量上也属上乘。以西班牙、墨西哥和巴西三国为例,根据2018年数据,这三国观众在网络视频点播平台上观看的原创影视中,85%以上的内容都来自美国奈飞。在西班牙2017年网络原创电视剧点播排行榜上,奈飞公司出品的电视剧《怪奇物语》(Stranger Things)位居榜首,点播量为1370万次;奈飞公司的另一部原创剧《毒枭》(Narcos)位居第二。在墨西哥2017年网络原创电视剧点播排行榜上,奈飞公司出品的电视剧《怪奇物语》(Stranger Things)位居榜首,

点播量为3170万次。在巴西2018年网络原创电视剧点播排行榜上，奈飞公司出品的电视剧《怪奇物语》(Stranger Things)位居榜首，点播量为4650万次。奈飞公司出品的另外两部剧《13个理由》(Thirteen Reasons Why)和《黑暗物质》(Dark)也有不错的收视表现，分别位于第二和第三位。在其他地区和国家，奈飞公司原创节目的影响力和竞争力也都可圈可点。

当前，电视国际传播的重点不仅是将频道落地、节目输送出去，而在于本土化服务，借助新技术、新手段提升运行效率和服务质量。为了进一步提升本土化程度和在当地市场的竞争力，2017年美国奈飞公司宣布在印度与三家公司建立战略合作伙伴关系，其中一家是移动通信运营商沃达丰公司(Vodafone)，另外两家是直播到户卫星电视运营商印度视频直达公司(Videocon d2h)和印度空电数字电视公司(Airtel Digital TV)。通过与沃达丰公司合作，奈飞公司将后付费和预付费服务的缴费业务搭载到沃达丰公司的平台上。通过与印度视频直达公司及印度空电数字电视公司建立合作关系，奈飞公司的网络视频点播业务可以直接嵌入这两家印度公司的机顶盒中，方便印度观众收看其节目。在拓展国际市场时，奈飞公司更是极为注重本土化服务，通过当地用户习惯的方式开展业务。近年来，美国奈飞公司依托新兴媒体平台发展国际付费视频点播业务，并针对不同国家推出差异化、本土化服务。2017年，奈飞公司制作了1257小时原创内容，其中32%是在海外制作的本土化内容。亚马逊公司在2017年制作了285小时原创内容，其中40%是在海外制作的国际化内容。2018年，奈飞公司共自制86部原创电影，与2017年61部原创电影相比有大幅增长。为充分考虑国际市场特点和本土化需求，86部电影中有17部是以非英语的语言制作的，包括法语、阿拉伯语、保加利亚语、日语和俄语等。基于全球化和本土化发展战略，奈飞公司的国际用户规模稳步增长。可见，媒体在海外市场的发展要注重本土化，也唯有实现了本土化才能有效拓展市场。本土化的核心举措是把内容制作、营销发行等环节前移到对象国家和地区，逐步实现机构本土化、人员本土化、内容本土化、平台本土化，精准定位传播产品和传播对象，提供符合当地受众需求的内容产品。

奈飞公司是一个有着新媒体基因和科技导向的公司，在拓展国际市场过程中非常注重运用用户行为数据管理和应用业务来提升国际市场竞争力。奈飞公司一直非常注重用户收视数据和消费行为数据的收集与分析。早在1997年至2006年间，奈飞公司在开展邮寄DVD租赁业务时就收集了大量用户数据。后来作为网络视频运营平台，奈飞公司每天都能搜集到用户高达3000万个行为信息，以及订阅用户近300万次的搜索行为和400万次的在线评价信息。通过大数据分析，奈飞公司能较为准确地掌握观众喜欢的影视题材、导演、演员等关键要素以及这些要素之间的相关性。另外，奈飞公司也能通过数据分析全面掌握观众的收视行为特征，从而采取相应的播出策略。例如，数据分析现实，大多数人喜欢一次性看完一部电视剧的全集。因此，奈飞在播出《纸牌屋》时，选择了一次性播放13集。《纸牌屋》之所以会大获全胜，秘诀就在于该剧在拍摄前就进行了深度数据分析，通过用户行为数据来掌握用户需求，进而制作定制化内容，打造完美产品和服务。[①] 当前，传统电视需要积极运用互联网等技术拓展了业务边界和市场，实现传统媒体之前难以满足的用户需求；另一方面提高传播效率和服务水平，为用户带来价值增值服务。

随着传媒技术的发展，网络电视等新兴媒体在深刻改变观众的媒介使用行为和收视习惯，也在影响着全球电视业的竞争格局和发展前景。根据2018年全球电视市场研究数据，受访者平均每天观看在线视频的时间长度为67分钟，到2020年预计达到84分钟，届时，中国、俄罗斯和英国将分别以105、102和101分钟居于全球前三位。2017年，全球在线视频广告总额为270亿

---

① ［美］卡尔·夏皮罗、哈尔·R.范里安著，孟昭莉、牛露晴译：《信息规则：网络经济的策略指导》，北京：中国人民大学出版社2017年版，第6页。

美元，到 2020 年预计达到 430 亿美元。① 在电视国际传播中，传统电视机构要借助新兴媒体技术改进节目分发方式、提升观众收视体验，由此增强传统电视机构在国际上的竞争力和影响力。当前，我国国际地位稳步提升、国际影响显著增强，迫切需要借助各种传播渠道对外讲好中国故事，传播好中国声音，展现真实、立体、全面的中国。

第四节　新兴媒介环境下影视国际传播的媒体监管与法律规制研究

随着新兴媒体的发展，影视产品走出去变得更为便捷，成本也大幅降低，与国际媒体监管与法律规制相关问题也变得更为重要。另外，随着新兴媒体发展，与国际传播相关的媒体监管和法律规制也呈现新的特点，值得深入研究。

一、国际媒体监管与法律规制

影视产品跨国输出首先涉及国际层面的媒体监管与法律规制，这隶属于国际法的整体框架下，需要遵守国际法相关规定。北京大学关世杰教授通过分析国际法后认为，国际大众传播应该遵循的国际法要点包括 12 个方面，即：(1) 各国在传播和信息方面享有平等的主权；(2) 法律限制下的信息自由流通；(3) 传播媒介不能用于侵略战争；(4) 传播媒介不能用于干涉他国内政；(5) 散布种族优越、种族仇恨的思想或煽动种族歧视言论应受到国际法的制

---

① 参见：www.digitaltveurope.com/2018/07/16/zenith-online-video-viewing-to-exceed-an-hour-per-day-in-2018.

裁;(6)直接或公开煽动灭绝某一民族、种族、部落或宗教团体应受到国际法的制裁;(7)传播歧视妇女的信息违反国际法;(8)传播宗教歧视和信仰歧视的信息违反国际法;(9)各民族在传播和信息方面享有民族自决权;(10)和平解决传播和信息方面的争端;(11)传播媒介应在向公众进行和平教育和提高和平意识方面发挥积极作用;(12)在传播和信息领域进行国际合作。①

国际媒体监管与法律规制体系在规范媒介技术跨国应用方面发挥积极作用。事实上,国际传播深受媒介技术发展的影响。1837年莫尔斯发明的电报,推动了20个欧洲国家于1865年在巴黎签署了《国际电报联盟公约》。19世纪末,马可尼发明了无线电,推动英美等27个国家于1906年在柏林签署了《国际无线电公约》。在无线电技术发展成熟后,广播跨国传播日益普遍。为了规范广播跨国传播,协调国际秩序,20世纪30年代《国际和平利用无线电广播公约》出台,这是第一次多方努力对和平时期的国际传播行为(宣传行为)加以规范的法律文件。1932年,70多个国家在马德里集会,决定将《国际电报联盟公约》和《国际无线电公约》合并为《国际电信公约》,此后《国际电信公约》几经修改,现行的《国际电信公约》于1982年订于内罗毕,自1984年1月1日生效。②可以看出,国际层面媒体监管与法律规制的重点之一就是规范技术领域的应用,同时协调各国使用媒介技术的权益。

除了媒介技术之外,知识产权是国际传播领域媒体监管与法律规制的另一个重点。知识产权是指人们对其通过脑力劳动创造出来的智力成果所享有的权利,它受到时间和空间的限制。知识产权由版权和工业产权两部分构成。关于版权的国际法体现在十余个国际公约中,其中最主要的是《伯尔尼公约》《世界版权公约》和《罗马公约》。《伯尔尼公约》(Berne Convention),全称为《保护文学和艺术作品的国际公约》,源于1886年在瑞士伯尔尼举行的国际会议上通过的国际著作权协议。《世界版权公约》(Universal Copyright

---

① 关世杰:《国际传播学》,北京:北京大学出版社2004年版,第468~473页。
② 关世杰:《国际传播学》,北京:北京大学出版社2004年版,第446~448页。

Convention）源自 1889 年美国等美洲国家缔结的《美洲国家间版权公约》，长期独立于《伯尔尼公约》之外。《罗马公约》是 1961 年在国际劳工局、联合国教科文组织和世界知识产权组织联合参与下制定的，全称为《国际保护表演者、唱片生产者和广播机构公约》。国际性保护工业产权的公约有十余个，其中最重要的是《保护工业产权巴黎公约》（简称《巴黎公约》）和《商标国际注册马德里协定》（简称《马德里协定》）。①

二、新兴媒介环境下媒体监管与法律规制的重点

随着新兴媒体的发展，媒体监管与法律规制呈现新的特点和发展趋势。事实上，媒体监管和法律规制处在一个不断修改、变革和完善的过程之中，其中最为主要的影响因素之一是媒介技术变革。以欧盟为例，欧盟层面在视听服务（包括电影、电视、网络视频等）方面的主要法规是《视听媒体服务指令》，其前身是《电视无国界指令》。《视听媒体服务指令》用"视听服务"代替《电视无国界指令》中"广播媒介"，取消了传媒的线性媒介内容传播的定义，将互动传播媒介，如互联网视听服务、电视视频点播服务等互动式视听服务加入了监管范围。在新兴媒介环境中，媒体监管与法律规制的重点包括以下几个方面：

1. 本土内容产业与文化保护

互联网为跨国内容传播提供了更为便捷、高效的渠道，影视强国通过新兴媒体平台在其他国家构建了更大的市场竞争优势，由此造成对本土内容产业和传统文化的威胁远超传统媒体。2016 年 5 月 25 日，欧盟委员会修订已生效 30 年的《欧盟视听媒体服务指令》，以有效应对新兴媒体发展所带来的新挑战。《欧盟视听媒体服务指令》（2016 修订版）对节目内容和资金投入等

---

① 关世杰：《国际传播学》，北京：北京大学出版社 2004 年版，第 458~464 页。

提出了明确的要求，包括视频点播平台上的欧盟节目内容比例不得少于20%，积极投资欧盟节目制作等。根据修订后的服务指令，欧盟成员国有权对视频点播服务商提出投资要求，投资可以是直接的资金投入或缴税的形式。新指令随即产生了效果。为了符合《欧盟视听媒体服务指令》（2016修订版）的要求，美国奈飞公司（Netflix）采取三种方式增加了欧洲节目内容的比例：一是直接投资欧洲节目，二是与欧洲英国广播公司、独立电视台、第四频道、丹麦二台等合作制作了多部影视剧，三是从欧洲多家电视台购买了影视节目，并引进了多部欧洲电影。

2. 市场与税收监管

网络电视等新兴媒体具有跨国运营的特点，运营商可能位于境外，但用户或消费者却在境内，许多境外运营商因此轻松躲避了税收；多国政府一直在研究如何解决征收网络电视业务税收的问题。在这方面，哥伦比亚率先一步，采取了创新的举措。2017年年初，哥伦比亚政府颁布相关法规，对网络电视运营商进行征税，包括国内和境外的网络电视运营商。根据该法，银行在处理网络电视业务的缴费业务时，无论用户是通过信用卡、预付卡、转账或其他方式付款，银行要负责征收税款，税率一概为20%。换而言之，哥伦比亚政府通过银行解决了跨境征税难题，将征税环节前置到了用户，而非锁定在运营商。该举措被一些研究机构认为是具有开创性，很可能成为其他国家竞相模仿或借鉴的对象。

3. 青少年保护

相比传统媒体时代，新兴媒体时代向青少年提供了更多接触媒体内容的机会，其中也就包括不健康内容的机会。2016年10月，根据智利国家电视委员会（CNTV）的一项调查结果，84%的受访者支持政府对互联网上的视频内容进行管控，防止"不宜"视频在互联网上传播。该委员会负责人认为，网络电视、技术融合和平台多元化等正在对拉丁美洲的媒体监管带来新挑战，例如目前拉丁美洲国家还没有在互联网内容监管方面针对儿童保护出台任何举措。①《欧盟视听媒体服务指令》（2016修订版）将使用社交媒体的法定年龄从13岁提高到16岁。换言之，青少年若未满16岁，都必须先征得父母同意才可以登录社交媒体账号、下载应用甚至使用搜索引擎。

4. 网络中立

美国和一些国家越来越关注互联网中立性的问题，其核心在于联入互联网时的免费与公开，即对内容、平台和接入互联网的设备类型都不设置任何限制。美国在前总统奥巴马政府执政时，联邦通信委员会（FCC）积极推动建立互联网中立原则。然而，互联网服务提供商对此不断发难，认为联邦通信委员会的互联网中立原则干涉了它们运营网络的权利。欧盟在积极推动有关互联网中立性的法令。意大利已经通过相关法律，保证了互联网的公平公开接入。在亚洲，日本和韩国已经实施了互联网中立原则。在拉丁美洲，由于宽带普及率较低，互联网中立原则还没有提上议事日程。②

5. 新兴媒体定位

新兴媒体快速发展，政府需要明确它的产业属性和市场地位。美国联邦通信委员会（FCC）在2014年10月正式提出，网络电视（OTT）要与有线电视、卫星电视、数字地面电视、IPTV享有同样的地位。在与电视台的关系上，网络电视同样可以享有播出电视台节目的各种权利和相关义务。美国联邦通信委员会前主席汤姆·惠勒（Tom Wheeler）是新兴媒体的坚定支持者，他曾于2014年10月在一篇博客中写道："1992年，美国国会通过立法确认卫星电

---

① 《智利民众呼吁加强网络内容监管》，http://www.rapidtvnews.com/201610254 4817/chileans-call-for-online-content-regulation.html。
② ［美］艾伦·B.艾尔巴兰著，兰培译：《传媒经济》，大连：东北财经大学出版社2016年版，第142~143页。

视享有与有线电视同样的地位，打破了有线电视对有线网内节目内容的垄断，由此大大促进了行业竞争。……政府监管的最终目标在于促进竞争，并在技术上保持中立。规则的制定要着眼服务本身，而不应拘泥于这些服务是如何提供的。21世纪的用户不能被基于20世纪技术的旧规则所束缚。"

6. 跨境版权保护

在新兴媒体时代，盗版成为电视产业健康发展的重大挑战。与此同时，如何规范和重新定义数字影视产品传播与使用也成为新的课题。2018年，欧盟开始施行跨境观看网络视频新规，即用户在付费订阅网络视频业务后，可以在欧盟成员国跨境使用这些业务。例如，美国奈飞、亚马逊和家庭影院频道的网络视频订阅用户虽然是在某个国家注册并付费使用这些业务，但是在欧盟其他国家也可登录并使用其业务；但在之前，跨境使用网络视频业务属于违规行为。

媒体技术变革带来政府媒体监管政策与规制理念的重大变化，并引发整个影视产业的连锁反应，同时深刻影响到影视国际传播。长期以来，我国影视国际传播主要致力于传播策略、内容制作、渠道建设等方面，对于媒体监管和法律规制等方面研究不多，也缺乏相应体制机制提供决策咨询和应急保障。随着我国影视国际传播的长足发展，我国要深入开展国际传播媒体监管和法律规制的研究，同时要针对重点国家进行"一国一策"的研究。需要指出的是，本文囿于篇幅没有全面深入地分析，例如在目标国的国内层面媒体监管与法律规制部分，本文没有分析传媒领域劳资关系等方面的法律法规。

第四章

国际合拍与影视产品走出去

第一节　国际合拍与影视产品国际化及走出去

随着全球化深入推进和互联网日趋普及，空间距离已转化为时间参数，时间与空间的去物质化过程越来越快。①受此影响，影视产品制作、销售、播出的国际化程度明显提升。影视产品具有显著的文化属性和市场属性，同时具有一定的政治属性和技术属性。影视产品走出去既有助于传播文化、发展产业，也有利于塑造国家形象、构建文化软实力。全球化的重要特征之一就是市场一体化、分工精细化，影视国际合拍是一个国家融入国际市场、强化产业合作的重要方式。中国早在20世纪70年代就开始了国际合拍，但此后相当长一段时间国际合拍立足于人文合作，而非产业合作。当前，中国影视业进入了新时代，影视产品对外传播（常用说法为"走出去"）承担着讲好中国故事、传播中国声音、塑造中国形象的历史重任。为此，中国影视业需要优化国际合拍的顶层设计、策略和路径，通过国际合拍完善产业结构、提升制作水平、强化国际竞争力。

一、影视产品走出去与水土不服

中国影视产品走出去可以追溯到20世纪20年代。1923年古装片《莲花落》由一位中国商人引到菲律宾等地放映，受到当地华侨的好评，并取得了不错的票房收益。此后，梅兰芳的《春香闹学》和周信芳的《琵琶记》等戏曲片，以及根据弹词小说改编而成的电影《珍珠塔》《三笑》等相继输出到东南亚国

---

① 迈赫迪·萨马迪著：《传播的全球向量》，载于［美］迈赫迪·萨马迪著《国际传播理论前沿》，吴飞、黄超译，北京：中国传媒大学出版社2016年版，第84页。

家。在欧美国家，影片《西厢记》于1928年在法国公映，次年移到伦敦爱文利戏院上演，被认为是最早在西方公开放映的中国电影。1929年，由上海影戏公司出品、但杜宇导演的无声影片《盘丝洞》（1927）在挪威等北欧国家上映。① 此后中国影视产品持续走出去，但影响力基本限定在华人社会，而难以在当地主流社会中引起关注。近年来，虽然《英雄》《卧虎藏龙》等影片在欧美国家创下市场佳绩，但多为孤例，仍难成气候。

随着影视业国际化水平的提升，中国影视业有意走国际化路线，针对国际市场制作和投放影视产品，但囿于整体产业化水平和文化差异等因素，很多投资不菲的商业大片在推向国际市场后并没有取得预期的效果，甚至遭受票房惨败，如冯小刚执导的《夜宴》、吴宇森执导的《赤壁》、姜文执导的《让子弹飞》、冯小刚执导的《非诚勿扰2》、徐铮执导的《人在囧途之泰囧》、张艺谋执导的《金陵十三钗》等影片。这些影片虽然从创作到宣传都延续了国际路线，国际票房却不尽如人意。② 电视剧则亦是如此。总体来说，中国影视产品走出去还存在"水土不服"现象。这一方面是因为中国影视产业的国际化制作水平有待提升，需要在创意、制作以及译制等方面建立规范的标准和完善的流程；另一方面是因为中国影视产品多以国内市场为主，在面向国际市场进行改编时仅为"粗加工"，难以契合当地市场特点和受众需求。

需要指出的是，中国纪录片和动画片的国际表现略胜一筹，《舌尖上的中国》《瓷路》《中国春晚》《一带一路》等纪录片依托深厚的中国传统文化内涵获得国际关注，《熊猫与小鼹鼠》《小鲤鱼历险记》《小虎还乡》等国产动画片的海外销售额也呈上升趋势。

---

① 孙向辉、张岚:《中国电影的国际传播：历史、现状与对》，载于胡正荣、李继东、姬德强主编《中国国际传播发展报告（2014）》，北京：社会科学文献出版社2014年版，第131、132页。
② 孙向辉、张岚:《"中国电影的国际传播：历史、现状与对策"》，载于胡正荣、李继东、姬德强主编：《中国国际传播发展报告（2014）》，北京：社会科学文献出版社2014年版，第137页。

二、全球化背景下的影视国际合拍

国际合拍，也可称为"国际合作制片"，是建立在不同国家组织间合作基础上的制作组合或商业组合。根据国家广播电影电视总局第 31 号令与第 41 号令，国际合作制片一般包括三种形式：联合制作（摄制）、协作制作（摄制）与委托制作（摄制）。其中，联合制作（简称合拍）指中方与外方共同投资、共派主创人员（包括剧本作者、导演、主要演员）共同分享版权及共同承担风险的电视剧制作方式（正是这一方式符合严格意义上的国际合作制片定义）；协作制作（简称协拍）指由外方出资并提供主创人员，在境内拍摄全部或部分外景，中方提供劳务或设备、器材、场地的予以协助的电视剧制作方式，双方根据协议进行利益分配；委托制作指外方委托中方在境内制作的方式。①

在全球化时代，国际合拍（或称国际联合制作）对于影视节目的制作、发行都具有积极意义。霍斯金斯（Hoskins）和麦克菲迪恩（McFadyen）研究后发现，参与国际联合制作的主要原因包括：分享财务资源、向合作伙伴学习、降低风险、获得资源（比如明星和其他创意人员）和理想的拍摄地点。② 在国际合拍方面，中国近年来积极探索，合拍的领域已经拓展到了电影、电视剧、纪录片、动画片等。电视剧因为投资大、篇幅长，是国际合拍中难度相对较大。2010 年，中俄合拍了 26 集电视连续剧《猎人笔记之谜》，进行了一次成功探索。该剧剧情是围绕俄罗斯大文豪屠格涅夫的《猎人日记》手稿被盗发生的冒险传奇故事，由俄罗斯 REN-TV 电视台采取预购的方式参与合作，曾在俄罗斯等东欧 18 国同步播出，不但取得高收视率，而且销售金额达到了 12 万美元/集，

---

① 参见 2004 年 10 月 21 日起实施的《中外合作制作电视剧管理规定》（国家广播电影电视总局第 41 号令）。

② [美] 芭芭拉·J.塞尔兹尼克著，范雪竹译：《全球电视产业》，杭州：浙江大学出版社 2017 年版，第 17 页。

创造了国产剧海外销售的新纪录。① 基于商业利益考虑，尤其是为了进入中国这个巨大的电影市场，电影合拍最为常见，其中也涌现了一批卖座影片，如中美合拍片《功夫熊猫3》《长城》，中法合拍片《狼图腾》《夜莺》《山河故人》，中韩合拍片《重返20岁》《我是证人》，中英合拍片《英伦对决》《地球：神奇的一天》，中印合拍片《功夫瑜伽》，中日合拍片《妖猫传》等。其中，《功夫瑜伽》在当年春节档拿下17.48亿的票房，《妖猫传》也在当年贺岁档收获超5亿的票房。

另一方面，国际合拍也存在诸多隐忧。很多学界和业界人士认为，国际合拍可能带来诸多产业和文化问题，例如引起的节目同质化，对美式媒体的模仿，以及为了制作风靡全球的商业化影视产品而不惜牺牲本国文化和本土内容。2010年的合拍片《功夫梦》在海外创造23.63亿元人民币的高票房，在国内的票房却仅仅只有5000多万元人民币。究其原因，电影《功夫梦》虽然把故事发生的背景放在中国，也有成龙的加盟，但该片"东西融合"的模式在文化层面看显得不伦不类，为了迎合国际市场而减损本土文化内涵。

欧洲一些业界和学界人士甚至将一些毫无实质内容和艺术价值的合拍片称为"欧洲布丁"或"欧洲残次品"。在电影领域，"欧洲布丁"的突出例子就是2001年的电影《柯莱利上尉的曼陀林》(*Captain Corelli's Mandolin*)。影片由法国、英国和美国的制作公司共同拍摄，讲述了二战期间意大利军队驻扎在希腊时，意大利军官（美国演员尼古拉斯·凯奇饰）与希拉女子（佩内洛普·克鲁兹饰）的浪漫爱情故事。场景设置在希腊的一个小岛上，但电影中的主人公们都说着英语，而且是带着不同口音的英语（如英国口音、希腊口音、美国口音和意大利口音）。很过观众都注意到了这种"口音大杂烩"，在批评影片结构松散、不够严谨时，"口音大杂烩"也成了佐证。②

---

① 中国电视剧制作产业协会、综艺报编著：《中国电视剧（2014）产业调查报告》，北京：中国广播影视出版社2015年版，第106页。

② [美]芭芭拉·J.塞尔兹尼克著，范雪竹译：《全球电视产业》，杭州：浙江大学出版社2017年版，第21、23页。

三、中国影视国际合拍的策略与路径

中国影视作品走出去是一个参与国际竞争、与国际市场接轨的过程，需要不断提升国际化水平，强化国际交流合作的能力。中国影视国际合拍的主要目标是提升中国影视产业国际化水平和影视产品国际竞争力，在讲好中国故事、传播中国声音、塑造中国形象等方面发挥更大作用。为此，中国影视国际合拍不能流于形式，而要注重实质、立足长远。

首先，在宏观层面上，要优化顶层设计和发展规划，提升国际合拍的引导和激励机制。就电影合拍而言，中国政府已经与21个国家签署了中外电影合拍协议，即1987年与加拿大，2004年与意大利，2007年与澳大利亚，2010年与新加坡、法国和新西兰，2012年与比利时，2014年与英国、韩国、印度和西班牙，2015年与马耳他、荷兰，2016年与爱沙尼亚，2017年与丹麦、希腊、哈萨克斯坦、俄罗斯、巴西、卢森堡等6个国家，2018年与日本。另外，中国与新西兰、英国签署了电视合拍协议。中外合拍协议中最核心的利益点在于强调合拍片的"国民待遇"，包括享受所有财政优惠、免除配额限制等。国家主管部门要在政府间合拍协议的引领下，创新体制机制，鼓励我国影视文化企业与有实力的外国公司合拍"中国题材、国际表达"的优秀作品；要引导合拍片的题材、类型、样式、风格等方面更加多元化，要通过合拍的方式弥补国产片原有类型、样式的一些缺陷和不足；无论是国际题材还是中国题材，都要寻求价值内涵的"最大公约数"，以最大限度地扩大受众群体。要支持有实力的重点企业与海外企业进行品牌合作开发与合拍制片，借助外方创意、品牌资源优势，共同推出品质精良、更具国际竞争的精品；在题材规划、推优、评优等工作中，给予合拍作品与国产作品同等扶持奖励。

其次，在中观层面上，要强化中国影视业的产业化水平，提升国际化水平。影视合拍是中国影视业提升产业化、国际化水平的重要路径之一，通过

与熟悉国际市场的国际媒体公司开展合作，扩展国际视野，还可以吸收借鉴国外的拍摄技术和经验，提高作品创意制作水准，增强传播精准度。在中国影视业具备一定实力之后，则可通过与国际合作方建立利益共同体关系，进一步优化顶层设计和成长路径、发展模式，逐步提高中国影视产品的国际市场份额、增强国际传播的针对性和精确度。在这方面，中国影视文化企业已经进行了积极探索，并取得较好业绩。2012年，万达以26亿美元收购美国第二大院线AMC，成为当时颇受业界关注的一大新闻，万达在收购后也成为全球最大规模的电影院线运营商；同年，小马奔腾以3020万美元收购美国著名特效公司数字王国，其后期制作的核心技术也在收购范围之内。2015年，万达院线以22.46亿元人民币全资收购澳洲第二大院线公司Hoyts；2016年万达集团又以35亿美元收购了美国传奇影业万达近几年在海外的布局。通过产业层面的深度合作，我国影视业能有效吸纳发达国家在融资、发行、创作、制片等方面的先进经验和成熟模式，尤其是金融手段运用、高科技人才培育、国际规则运用和法律权益保障方面的经验。

再次，在微观层面上，要提升中国影视文化企业的国际化程度，提升国际市场适应能力和竞争能力。从商业角度考虑，中国有实力的媒体机构和影视文化企业近年来直接投资美国电影，以获取市场利益，包括《变形金刚4》《碟中谍5》《终结者5》等。投资与合拍仍有一定差别，缺乏主导性。但国际合拍为了套用欧美模式也容易导致"文化殖民主义"现象，例如学者伊顿（Eaton）认为，"优秀电影中的元素，是全球通用的。只是风格不同，以及我们选取的角度不一样而已。"但是他同时强调，国际合拍容易导致"本国形式和本国角度逐渐消失"。[①] 例如，中美合拍片《变形金刚4》《云图》《生化危机5》等作品虽然加入了中国演员、中国元素，但从价值观呈现看，仍缺乏中国传统文化的体现。外国合作方的诉求是商业成功，故而外方的编剧希望能

---

① ［美］芭芭拉·J.塞尔兹尼克著，范雪竹译：《全球电视产业》，杭州：浙江大学出版社2017年版，第22页。

够把一些价值观植入到作品中，写出一个能够在全球发行的故事。因此，中国影视合拍要不断提升产业实力和文化自信，从商业和文化角度来主导影视合拍内核导向。在这方面，纪录片国际合拍的投资都以中方为主，故而中方对创意、制作等方面的主导更为有力、有效。中国影视文化企业要深入了解国际市场运行特点、海外观众接受习惯，通过合拍有针对性的创作和传播中国影视作品，根据国际受众的需求讲故事、讲好中国故事，有效提升国外受众的接受度和认同感，进而逐步在国际市场的竞争力。

第二节 电视剧国际合拍与输出策略——以英剧在美传播为例

虽然美国影视产业居于全球领先位置，但英国影视剧仍能长期在美国赢得一席之地。美国对英国文化有着天然的亲近感，这是英国影视剧在美国热播的文化基础。一方面，英国和美国的媒体公司之间有着密切的合作关系，影视剧的合拍为英剧在美国热播提供了坚实的市场基础。在全球化背景下，国际合拍是影视产品走出去的重要策略。另一方面，影视剧的文化属性和商业属性也需要通过国际合拍来消弭文化差异、理顺市场准入。影视合拍成功的前提是双方在文化、产业等方面具有一定共性，另一方面则要在价值导向、题材选取和投资合作等方面采取相应的策略。

一、英剧在美热播与电视剧国际合拍

美国是全球电视强国，其影视剧在国际市场上所占份额也居高不下，但

英国电视剧却在美国市场上大行其道。早在20世纪三四十年代，大量的英国电影开始在美国流行，如1933年的《英宫艳史》(*The Private Life of Henry VIII*)、1944年的《亨利五世》(*Henry V*)和1946年的《远大前程》(*Great Expectations*)都获得了观众和影评人的肯定。此外，1945年的《相见恨晚》(*Brief Encounter*)和948年的《红菱艳》(*The Red Shoes*)以独特视角展现了英国文化，也受到了美国特定观众群体的欢迎。就电视剧而言，早在20世纪60年代，英国电视剧就已经开始风行美国。此后，英剧在美国的热度此后并未削减，长期保持着英剧的市场影响力。其中有两部剧堪称典范，即《福尔赛世家》和《傲慢与偏见》。值得一提的是，这两部英剧都是由英美两国媒体公司合拍的。

英剧《福尔赛世家》(*Forsyte Saga*)于1969年在美国全国教育电视网（NET，即美国公共电视网PBS的前身）播出，随后在1970年获得了艾美奖多项提名，包括剧情类最佳剧集和剧情类最佳新剧的提名，苏珊·汉姆谢（Susan Hampshire）荣获最佳女主角。该剧是根据约翰·高尔斯华绥（John Galsorthy）1920年出版的同名小说改编，共26集，每集50分钟。这部古装剧讲述了弗尔赛家族1879—1926年之间的兴衰史，有120个有台词的演员，以及100场戏。该剧于1966年在英国拍摄，投资额为26万英镑（约合72万美元），这在当时算是大手笔的制作。《福尔赛世家》是英国广播公司（BBC）和美国米高梅公司（MGM）联合制作的，是英国广播公司拍摄的最后一批黑白片。[①]

英剧《傲慢与偏见》于1996年1月在美国艺术与娱乐电视网（A&E）播出，随后掀起了一股"奥斯汀热"。艺术与娱乐电视网在排片时选择三晚连续播出：1月14日（星期天）晚上8~10点，1月15日（星期一）晚上9~11点，1月16日（星期二）晚上9~11点。《傲慢与偏见》的收视率超过了艺术与娱

[①] ［美］芭芭拉·J.塞尔兹尼克著，范雪竹译：《全球电视产业》，杭州：浙江大学出版社2017年版，第80~81页。

乐电视网播出过的任何一部电影，平均有 370 万个家庭锁定了该剧。《傲慢与偏见》于 1995 年 12 月在英国首播，分为三个部分，每部长 2 个小时。该剧由英国广播公司与美国艺术与娱乐电视网（A&E）联合制作，耗资 600 万英镑，当时约合 973 万美元。该剧创下了英国广播公司古装剧的最高收视率，物有所值。《傲慢与偏见》的家庭录影带于 1996 年 1 月开始发行，销量超过了 10 万盒，书店里的小说也被抢购一空。①

英国和美国在文化上具有天然的接近性。约瑟夫·斯特劳哈尔（Joseph Straubhaar）在《超越媒介帝国主义：不对称的相互依赖与文化接近》一文中首次提出了"文化接近性"这个概念，以说明文化距离对电影和电视节目成果输出入的重要性。所谓"文化接近"是指受众基于对本地文化、语言、风俗等的熟悉，较倾向于接受与该文化、语言、风俗接近的文化产品。②即使英国和美国具有较强的文化接近性，但两国影视产业发展却存在较大差异，影视内容产品的需求特征也不尽相同。英剧之所以能在美国热播，国际合拍是其中重要因素。通过合拍，英剧能较好地克服体制、市场等方面的差异性因素，更好地契合美国市场的特点。

二、英剧热销背后的文化与产业因素

国际合拍的成功有赖于合作方的资源共济、优势互补，产生"1+1＞2"的效应。英国和美国的电视产业都较为发达，具有相似的产业发展理念和运营模式，在合作中能较好地对接资源、形成合力。美国电视产业发达，但其文化底蕴相对较弱，需要借力英国来增强影视产品的文化内涵。在美国热销的英剧大多改编自英国文学经典。对于美国观众而言，观看这类影视剧的好

---

① ［美］芭芭拉·J. 塞尔兹尼克著，范雪竹译：《全球电视产业》，杭州：浙江大学出版社 2017 年版，第 90 页。
② 赵玉宏：《影视产品跨文化传播与我国文化软实力建设》，北京：经济日报出版社 2015 年版，第 57 页。

处颇多，包括了解文学作品、熟悉剧情所在的历史时期、欣赏剧中出现的场景。观众可以在欣赏美好画面、享受慢节奏叙述时逃避现实。当然，观看"高质量"影视剧也具有象征意义，即为自己积累文化资本。英国的历史古装剧常常被视为高质量和高修养的代名词，而且，就是比美国节目好。还有学者认为，此类英剧"蓄意抹去了某些历史；它们向北美观众提供的是一种清洁的、无罪的怀旧感……观众们可以享受时空穿越，来到高级社会美好的文明空间，一个与真实的丑恶历史完全隔绝的真空地带"。这些因素让"英国制造"的影视剧作品在美国得以持续走红。①

美国影视产业优势与英国文化优势相得益彰，有效提升了英剧在美国的市场影响力。英国影视业虽不及美国的国际竞争力，但自成风格。英国影视剧的文化底蕴深厚，而且在拍摄长剧方面颇有经验。例如，《东区人》(*East Enders*)是英国广播公司在1985年2月17日开始首播的，至今连续不断。每年圣诞节期间，英国电视大战随之展开，但《东区人》在近几年一直保持收视率排名前五的位置。另一个例子是《加冕街》(*Coronation Street*)。该剧从1960年12月开播，历经数十年，收视率仍保持在15%以上。《加冕街》曾赢得英国电影和电视艺术学院"最佳电视连续剧奖"等多个殊荣。虽然英剧多以日常生活为题材，但却渗透着浓厚的英国传统文化，这也是其得以进入美国市场的重要因素。不过，一旦英剧在文化导向方面出现偏差，尤其对英国文化内涵方面的诠释与构建方面偏离了美国市场的期望，英剧在美国市场就会遭到冷遇。1981年的《烈火战车》(*Chariots of Fire*)、1985年的《看得见风景的房间》(*A Room with a View*)、1992年的《霍华德庄园》(*Howard's End*)和1993年的《影子大地》(*Shadow lands*)就未能取得预期的市场效果，深层原因就是它们偏离了英国传统文化，转而选择保守的政治倾向。②

---

① ［美］芭芭拉·J.塞尔兹尼克著，范雪竹译：《全球电视产业》，杭州：浙江大学出版社2017年版，第79、82页。

② ［美］芭芭拉·J.塞尔兹尼克著，范雪竹译：《全球电视产业》，杭州：浙江大学出版社2017年版，第78页。

三、影视剧国际合拍的策略

在全球化时代,影视剧国际合拍日趋普遍,在一些国家甚至成为主导。影视剧合拍的策略包括价值策略、选题策略、投资策略等。

就价值策略而言,国际合拍的影视剧要聚焦具有共享性价值。影视剧所弘扬的价值观须是全世界所认同的,不会因国家不同产生理解的差异,这样不仅可以让国内外观众产生情感上的共鸣,还可以减少文化折扣所带来的影响。例如美国《变形金刚》等电影主题均是保卫世界的和平、与恶势力做斗争。①

就选题策略而言,国际合拍的影视剧要侧重于共通性的题材。威廉·费舍尔(William Fisher)在《视与听》(Sight and Sound)一书中建议国际合拍要靠历史题材来吸引国际观众。历史题材是利用"已预售产品"来吸引观众,毕竟很多历史"故事"都是常识。不仅如此,选择历史场景可以离开现时此地的叙事,媒体制作人不必再对当下的社会和文化品头论足。② 国际合拍作的题材不限于历史剧这一个门类,动作冒险、科幻和魔幻等都是国际影视合拍的热门题材。动作冒险片并没有太多对话或者叙述说明,所以极易被国际观众接受;科幻和魔幻题材常常依靠特效,与历史题材一样,它们也把主人公与当代的政治和社会议题剥离开来。我们将会看到,越来越多国际联合制作人会把这些元素融合在一起——历史、动作冒险、科幻或魔幻——最大限度地挖掘电视节目的潜力,吸引更多的国际观众。③

就投资策略而言,影视剧国际合拍要通过多元多姿来降低风险,同时更

---

① 转引自刘洪:《中国影视文化产品出口研究》,首都经济贸易大学硕士学位论文,第32页。
② [美]芭芭拉·J.塞尔兹尼克著,范雪竹译:《全球电视产业》,杭州:浙江大学出版社2017年版,第30、31页。
③ [美]芭芭拉·J.塞尔兹尼克著,范雪竹译:《全球电视产业》,杭州:浙江大学出版社2017年版,第33页。

多地聚合国际资源，包括合作伙伴的演员及其他创意人员资源、拍摄地点资源等。以《高地人》（*Highlander: The Series*）为例，该剧被认为是20世纪90年代最成功的国际合拍片。该剧融合了奇幻、历史和动作冒险元素，系列电影在欧洲取得了巨大的成功。戴维斯—潘策尔制作公司（Davis/Panzer Productions）随后推出了《高地人》电视剧版。《高地人》电视剧版的最初制作预算平均下来大约每集110万美元，由来自5个国家的公司共同承担。该剧的制作方式高蒙公司和法国电视1台（TF1），投资额占总投资的25%；该剧30%的投资来自德国的私人电视台RTL-Plus；意大利广播电视巨头Reteitalia投资15%；瑞舍尔娱乐公司（Rysher Entertainment）负责剧集在美国市场的发行，出资25%；剩下的5%则来自日本的二级分销商Amuse Video公司。1992年，《高地人》电视剧在美国进行首轮联卖时，市场占有率达到了93%，该剧也成为首部"在美国播出、大量制作资金却来自海外"的电视剧。[①]目前，合作制作和联合投资仍然是国际电视市场的重要跨国发展战略。国际合拍有助于适应目标国家电视市场的文化特点和政策环境，应用国际上先进的节目制作技术。为了产业和经济上的成功，国际合拍还更易于选择国际巨星、国际化的拍摄地点和技巧等。

四、启示与展望

英剧在美国市场的成功得益于文化、市场、产业等方面的因素，并非可以简单复制，而需要从全球化的宏观大背景与合作方之间优势互补的微观角度来采取应对之策。约翰·佛柔（John Frow）认为："文化的全球化，首先是资本主义的全球化，然后是商品形式的全球化，表现为彻底国际化的、相互

[①] ［美］芭芭拉·J.塞尔兹尼克著，范雪竹译：《全球电视产业》，杭州：浙江大学出版社2017年版，第57页。

依存又环环相扣的市场。"①影视剧国际合拍虽源于其文化属性，但终于其商业属性。影视剧的文化属性就要求通过国际合拍增进文化共享，减少文化折扣，最终增强观众接受度；商业属性则要求通过国际合拍来增强市场适应能力，减少市场进入阻力，最终寻求商业利益。作为东方文明的发源地，中国拥有丰厚的历史文化资源；近年来中国影视市场高速增长，票房规模逐年增长。在此背景下，各国影视公司纷纷前来寻求合拍项目，一方面希望通过合拍提升中国市场的适应能力；另一方面则希望以"合拍片"身份进入中国市场，享受配额等方面的优惠政策。以中美电影合拍为例，近年来涌现了《太极侠》（票房2750万）、《功夫熊猫3》（票房10.02亿）、《绝地逃亡》（票房8.89亿）、《钟馗伏魔：雪妖魔灵》（票房4.04亿）、《横冲直撞好莱坞》（票房3.22亿）、《卧虎藏龙：青冥宝剑》（票房2.56亿）、《长城》（票房11.73亿）等，中美合拍片从规模到票房都值得关注。相比之下，法国、澳大利亚、英国、德国、俄罗斯、印度等国家也开展了影视合拍项目，虽不乏佳作，但仍处于初级阶段。中国需要充分发挥自身的文化资源、市场规模等方面的优势，通过国际合拍学习、吸收国际先进经验和模式，稳步提升产业化、国际化水平。

第三节　中国纪录片国际合拍的发展及策略

随着全球化深入推进，电视领域的国际合作和电视产品的跨国流通日益普及，电视节目的国际合作制作也日趋普遍。纪录片作为当前影视作品主要类型之一，是媒体发挥文化传承、教育功能的重要体现。就国际传播和文明互鉴而言，纪录片在促进了不同国家、不同文化之间相互了解、深化认同方

---

① ［美］芭芭拉·J.塞尔兹尼克著，范雪竹译：《全球电视产业》，杭州：浙江大学出版社2017年版，第176页。

面具有不可或缺的作用。在国际影视合拍领域，纪录片是最为常见的题材之一。国际合拍的纪录片有利于跨越文化差异障碍和解决市场准入问题，但仍然存在一些值得关注的问题，例如文化价值观如何准确表达和有效传播，以及不同合作方的传播诉求如何平衡。对于中国而言，纪录片是传播中国声音、讲好中国故事的重要载体，纪录片国际合拍是提升中国纪录片产业水平、拓展中国纪录片走出去渠道的重要方式。随着中国纪录片产业的发展和国际竞争力的提升，纪录片国际合拍要积极探索文化传播、价值观传播等方面的策略、路径和方式方法。

一、中国纪录片国际合拍的发展

关于"纪录片"的定义，不同文化背景、理论体系的学者有着迥异的理解，因此要给纪录片设定一个简单定义并非易事。比尔·尼克尔斯（Bill Nichols）认为，纪录片的定义总是"相关的、相对的"，他将纪录片定义为"试图再现世界的影片"。[①] 美国《电影术语汇编》中将纪录片界定为："纪录片是一种非虚构的影片，它具有一个有说服力的主题或观点，但它取材于现实生活，并且运用编辑和音响来增进其观点的发展。"电视纪录片的历史可以追溯到20世纪40年代末，并在20世纪60年代取得了长足发展，美国哥伦比亚广播公司在1968年开始播出的新闻杂志型栏目《60分钟》成为电视纪录片的成功典范。[②] 随着电视业的成熟和全球化的发展，纪录片国际合拍也经历了从无到有的过程，在20世纪90年代中期已日趋普遍，到2001年纪录片已被认为是"国际联合制作中最普遍的类型"。[③] 当前，纪录片国际合拍是影视领域国际合作

[①] ［美］芭芭拉·J. 塞尔兹尼克著，范雪竹译：《全球电视产业》，杭州：浙江大学出版社2017年版，第153页。

[②] 何苏六：《中国电视纪录片史论》，北京：中国传媒大学出版社2005年版，第27、28、93页。

[③] ［美］芭芭拉·J. 塞尔兹尼克著，范雪竹译：《全球电视产业》，杭州：浙江大学出版社2017年版，第151页。

的重要形式,也是合作成果最为丰硕的领域。

新中国电视事业诞生于1958年,通常也就把中国纪录片历史的起点定在了这一年。1958年5月1日,北京电视台(中央电视台的前身)开始实验性播出,当天的节目中就包括由中央新闻纪录电影制片厂摄制的第一部纪录影片《到农村去》,以及由莫斯科科学普及电影制片厂的科教纪录影片《电视》。20世纪80年代,系列电视纪录片开始盛行,这主要得益于电视播出的栏目化和收视日常化。[①] 20世纪80年代也是中国纪录片国际合拍的起步期。1980年5月,中日合拍的《丝绸之路》播出,开启了中国电视纪录片国际合拍的历史。随后十年间,中国纪录片国际合拍快速发展,优秀合作成果频现。1983年8月,25集《话说长江》播出,由中央电视台与日本私营的佐田企画社联合摄制。1986年7月5日至1987年3月28日,35集《话说运河》边拍摄边播出。1988年2月,30集《黄河》播出,由中央电视台与日本广播协会合拍。1991年11月18日,中央电视台与日本东京广播公司(TBS)合拍的《望长城》(日本版片名为《万里长城》)在中日两国同步播出,并双双创下了纪录片最高的收视率。值得一提的是,中国纪录片国际合拍一直处于协助制作的配角地位,直到2005年《同饮一江水》(又名《澜沧江—湄公河》)这部纪录片的启动。这部20集纪录片由中央电视台全额投资和主导,联合大湄公河次区域柬埔寨、老挝、缅甸、泰国、越南五国国家电视台合作摄制、共享版权,中方人员担任总导演和总制片人。该片是中国首次就同一主题进行多国合作的大型人文地理类纪录片,耗时三年时间制作,于2008年同步在六国播出。

2010年,中国纪录片国际合拍进入到了快速发展阶段,并一直保持良好态势。2010年10月,广电总局发布了《关于加快纪录片产业发展的若干意见》,明确提出"积极鼓励中外机构合拍纪录片",这为发展我国纪录片产业和推进纪录片国际合作迎来了契机。在更为宏观的层面上,随着中国国际地位的

[①] 何苏六:《中国电视纪录片史论》,北京:中国传媒大学出版社2005年版,第40页。

提升，中国亟须在国际上塑造准确的形象，借助纪录片等影视渠道系统化、多渠道、多路径地阐释中国理念、道路和主张。2011年，中央电视台纪录频道开播。作为国家电视台，央视依托纪录频道这个专业平台进一步强化了国际合拍。2011年以来，中央电视台纪录频道与英国广播公司、国家地理等联合制作的《美丽中国》《改变地球的一代人》《生命的奇迹》《秘境中国·天坑》《孔子》《天河》等具有国际影响力的纪录片。2014年以来，中国纪录片国际合拍的力度进一步提升，合拍的目标和定位更加清晰，一批精品力作在讲好中国当代精彩故事、阐释好"一带一路"倡议、设定国际议程等方面发挥了积极作用。例如，中央电视台与瑞士国家广播电视台（RTS）合拍了大型纪录片《丝路新纽带：中欧班列》。为了将中国人民长达14年的艰苦抗战放在世界格局中来审视和解读，中央电视台与澳大利亚野熊公司在2016年合作拍摄纪录片《改变世界的战争》（上下部），并在澳大利亚福克斯泰尔（Foxtel）历史频道黄金时间播出。为传播习近平新时代中国特色社会主义思想，中央电视台与俄罗斯国家电视台（全俄国家广电公司）在2017年合作拍摄大型政论纪录片《中国梦·复兴之路》，并于2018年在中央电视台俄语频道和俄罗斯国家电视台综合频道、历史频道同步播出。该片集中介绍在以习近平同志为核心的党中央领导下中国取得的改革成就，阐明全面深化改革是对改革开放的继承和发展。为了展现中非之间牢不可破的深厚友谊和彰显中国大国担当，中国国际电视总公司和南非LB国际影视制作有限责任公司在2018年7月启动了纪录片《大国担当》联合制作项目。该片讲述2014年埃博拉疫情肆虐非洲，在习近平主席的重要指示下，中国派出专业医疗队赴西非三国帮助当地人民共同抗击灾难的故事。综上，中国纪录片国际合拍蓬勃发展，并在国际传播和文明互鉴中发挥了重要作用。

二、纪录片国际合拍的策略

纪录片国际合拍的首要策略在于国际化的语言和手法，以此实现在不同文化中有效完成故事的讲述和价值观的传播。艾尔弗雷德·弗里希（Elfreide Fursich）认为，为了获得国际观众和广告主的青睐，纪录片必须"足够国际化，以创造巨大销量，但是还必须足够'中立'（避免反映或抵触特定国家的利益、品味或议题）来吸引世界各地的观众"。而科学、旅行和健康就是能够受到全世界欢迎的主题，只要它们"非攻击性、去政治化、无调查性或者在文化上持保留态度"。近年来，历史纪录片和科学纪录片成为国际联合制作纪录片中最为流行的两种题材。[①]对于中国而言，纪录片国际合拍既有政治诉求，也有文化诉求，还有商业诉求，其中重中之重是积极探索文化传播、价值观传播等方面的策略、路径和方式方法。

第一，中国纪录片合拍要充分挖掘和发挥当代中国故事的吸引力。当代中国故事包含有国家治理、科技探索、社会发展等主题，可以充分契合"科学、旅行和健康"等国际热点主题。中央电视台2016年与澳大利亚海之光公司合作的科学纪录片《深潜》播出后，2017年与美国探索频道（Discovery）等多家机构联合制作了纪录片《港珠澳大桥》。其中，《港珠澳大桥》充分利用国外制作团队熟悉国际"语境"和表现手法的特点，增强节目的国际传播效果，同时注重突出"中国智造"和"中国特色"主题，并通过美国探索频道在马来西亚、菲律宾等其他东南亚国家和地区播出。

第二，中国纪录片合拍要充分发掘中外自然宝库。自然题是纪录片永不过时的热点题材，国际纪录片合拍要致力于把中国壮美山川河流和丰富自然资源转化为节目合拍的素材，同时也可以通过拍摄其他国家自然题材来强化共鸣、形成共振。2014年以来，中国与新西兰在纪录片合拍领域加大了合作

[①]［美］芭芭拉·J.塞尔兹尼克著，范雪竹译：《全球电视产业》，杭州：浙江大学出版社2017年版，第150、151页。

力度，先后推出了《大太平洋》《动物伙伴》《熊猫与奇异鸟》《魅力新西兰》等重点合拍项目。这批项目作为两国政府在人文领域的合作项目，获得了各界的广泛关注。2017年，中央电视台纪录频道、新西兰自然历史公司（NHNZ）、美国公共广播电视台（PBS）、德国电视二台（ZDF）等机构联合制作了4集纪录片《大太平洋》。中央电视台副总编辑张宁参加在法国戛纳举行的由央视纪录频道联合制作的纪录片《大太平洋》首映式，并会见参加2017戛纳国际纪录片节的重要纪录片制作机构与合作伙伴。《大太平洋》是一部史无前例的描述太平洋海域生物多样性的蓝筹纪录片。片中丰富而有趣的中国故事，将帮助全球观众全方位认知中国，了解中国对保护海洋生态资源所做的努力。《大太平洋》在2017年戛纳春季电视节展上的点击率在所有参展纪实类节目中排名第一。

第三，中国纪录片合拍要充分发掘中国的历史文化资源，将中国悠久历史文化优势转化为节目合拍的竞争优势。《丝绸之路》开启了中国纪录片国际合拍的历史，也由此推动了中国纪录片国际合拍在历史文化题材领域的经验积淀和叙事传统。中国国际电视总公司与英国雄狮公司于2013年正式开始合作拍摄纪录片《孔子》，于2015年9月完成制作。2016年9月，《孔子》在法国ARTE电视台、中央电视台科教频道播出，在中法两国观众和文化界中引发关注。法国当地评论认为，该片反映出的孔子治国理念、财富观念等令人印象深刻，对西方社会同样具有借鉴意义。

第四，创业与财富是各国人民普遍关注的主题，也是纪录片发挥建设性作用、推进社会发展的重要体现。2018年，中央电视台英语频道与美国历史频道合拍了纪录片《爱创才会赢》，遴选四位不同年代中国优秀创业代表，分两队在北京秀水街市场与非遗传承人现场售卖中国传统泥人作品，从现场竞技环节链接至他们的创业经历和成长背景，向全球观众呈现中国"大众创业、万众创新"勃勃生机及中国人创业本领。这类题材不仅容易找到国际合作方，在传播时也能较好地引起关注。

三、启示与展望

纪录片国际合拍是一种涉及两方甚至多方的国际影视合拍形式,在实现我方目标的基础上需要充分考虑各方诉求,包括文化诉求、政治诉求、商业诉求等。国际合拍的纪录片有利于跨越文化差异障碍和解决市场准入问题,但仍然存在一些值得关注的问题,例如,文化价值观如何准确表达和有效传播,以及不同合作方的传播诉求如何平衡。中国纪录片首先要通过优化顶层设计、推动产业发展来提升纪录片制作水平、国际影响力和竞争力。在此基础上,中国纪录片要不断优化国际合作的策略与路径,加强题材选择、叙事方式、市场营销等方面的话语权和影响力。

第四节 动画片国际合拍与价值传播

动画片是电视节目的重要类型之一,也是国际合拍的重要领域。动画片的主要受众是儿童,对于儿童世界观和价值观的形成具有重要影响。从产业和文化视角来看,动画片国际合拍都是影视产业全球化的重要成果,有效集聚了不同国家、不同文化的资源。随着全球化深入推进,各国市场相互交织、文化彼此交融,动画片国际合拍对于丰富选题、优化叙事方式、提升国际市场竞争力等方面都具有重要作用。对于中国影视业来说,动画片国际合拍对于提升产业水平、拓展国际市场等方面都有重要战略意义,也是传播中华文化、讲好中国故事的重要路径。近年来,中国媒体机构积极把握机遇,加大国际合拍力度,并创新形式推出了"熊猫"系列国际合拍片。随着中国动画片国际合拍的稳步推进,它一方面会在中国外交和人文交流发挥更大作用;另一方面在国际市场的竞争力和影响力也会逐步提升。

一、儿童电视节目与动画片的国际合拍

儿童电视节目是电视节目的重要类型。从电视产业来看，儿童电视节目都具有重要商业意义；从社会发展角度来看，儿童电视节目对于传承文化、发展教育和构建认同等方面都具有重要作用。美国研究人员 G. 格姆斯托克等人提出，电视节目在儿童的生活中构成了"基准性活动"，电视被人们称为"电子保姆"。所谓儿童电视节目，是指针对儿童的需求和发展，以满足他们的需要为根本目标而制作的，符合其生理、心理特征的电视节目。儿童在不同年龄阶段对于电视节目的需求和收视习惯皆有所差别，其中小学阶段（7~12 岁）的儿童除了动画片，对儿童电视节目几乎没有什么依赖性，他们的电视选择开始趋向娱乐化、成人化。[①] 从电视产业角度来看，儿童电视节目的发展并非一帆风顺。最初，这个领域因为利润不高并不被看好。到了 20 世纪 80 年代，儿童节目市场进入蓬勃发展阶段，这主要归功于特许经营和特许商品的扩张，以及和节目时长一样的广告。例如，在 1981 年，特许商品的销售额达到了 140 亿美元，是 1977 年的两倍还多。到了 20 世纪 90 年代，儿童电视节目已经变得炙手可热。1996 年，美国尼克频道（Nickelodeon）的周六早间节目收视率打败了美国所有电视网，而在当时，美国只有 70% 拥有电视机的家庭能够收看到尼克国际儿童电视频道。该频道开播于 1979 年，意在成为专门为儿童开设的频道。[②] 目前，儿童电视节目和频道已成为电视业发展的重要支柱之一。以阿根廷为例，阿根廷 4~12 岁观众群体在整个付费电视用户中所占的比例为 61%。正因如此，儿童频道在阿根廷付费电视产业中占据重要地

---

① 李琦：《多元媒介环境下的儿童与儿童电视》，中国广播电视出版社 2014 年版，第 17、29、82 页。

② [美] 芭芭拉·J. 塞尔兹尼克著，范雪竹译：《全球电视产业》，杭州：浙江大学出版社 2017 年版，第 109、111 页。

位，卡通频道（Cartoon Network）、迪斯尼频道（Disney Channel）和尼克频道（Nickelodeon）等儿童频道在阿根廷的覆盖率非常高。①

动画片是儿童电视节目的重要构成。2002年、2007年和2012年中国观众调查数据显示，动画片是儿童最为喜爱的节目类型，分别有88.92%、83.71%和80.07%的儿童表示非常喜欢动画片。②在全球化时代，动画片国际合拍日趋普遍，这主要得益于电视业的全球化，尤其是全球化分工的成熟和全球市场的拓展。动画片国际合拍的最初动因是海外投资，例如美国尼克频道早期国际合拍的作品包括《怪鸭历险记》（Count Duckula）和《神勇小白鼠》（Danger mouse），这是当时美国媒体公司到海外寻求资金支持的结果。和其他题材一样，儿童电视节目的国际联合制作也较为普遍。广受欢迎的《蓝精灵》（Smurfs）就是一部国际联合制作作品，完成于1982年。20世纪90年代以来，动画片国际合拍成为媒体公司争取海外投资和进入合作方市场的重要策略。③动画片在国际合作方面具有诸多优势：动画片制作的劳动分工也是国际化的，联合制作过程简单明了，不同的工作可以较为容易地分配给不同国家的制作者；较少受到文化差异的限制和影响，在国际市场上更为容易流通。从制作方面来说，动画片情节简单，配音较为容易，在跨国传播时极少会产生文化折扣。

二、动画片国际合拍与价值导向

电视节目既具有商业属性，也具有文化属性。电视节目国际合拍要处理好创作理念的差异，解决商业利益的平衡，更要协调好不同制作方之间有关文化价值观的诉求。国际合拍将电视国际传播的实践扩展到产业链上游环节，

---

① 参见：Young Audience Drives Pay-TV Growth in Argentina,www.rapidtvnews.com,20131122.
② 张宁等主编：《中国电视观众现状报告：2012年全国电视观众抽样调查与分析》，北京：中国传媒大学出版社2003年版，第137页。
③ ［美］芭芭拉·J.塞尔兹尼克著，范雪竹译：《全球电视产业》，杭州：浙江大学出版社2017年版，第114页。

即从投资与生产环节就开始与境外制作机构的合作。合作制片除却能使作品扩大融资规模以适应海外市场需求、扩大发行渠道以在更多的播出平台实现播出之外，最为关键的是，它能扩大作品的跨文化传播的适应性，以适合双方本土观众的共同文化偏好，亦即通过合拍，一国电视机构在合作方所在地的本土化传播更为有力度。[①]换言之，电视国际合拍从源头上嵌入了价值导向，对于价值观的传播具有重要作用。

就动画片而言，价值导向是国际合拍中至关重要的因素，因为动画片对于儿童价值观的发展和形成具有潜移默化的作用。有研究发现，虽然学龄前儿童不太可能带有明显的政治倾向，但是已具备形成政治信仰的基础。大卫·白金汉姆（David Buckingham）认为："儿童其实很小就开始发展自己的'政治'概念，通过他们日常接触的学校和家庭等社会组织培养其政治概念：权威意识、公平和公正、规定和法律、权力和控制，这些概念早在他们利用投票表达自己政见之前就已经形成。"在国际传播中，各国都非常重视动画片的价值导向。加拿大政府在1994年专门针对儿童节目立法，该法律一方面要求政府在财政上支持儿童节目制作，另一方面则对节目内容进行规范，例如，禁止儿童节目把暴力作为解决问题的方法或者出现无须承担后果的暴力。基于1994年法律，加拿大电视台撤下了美国制作的儿童节目，包括《忍者神龟》（*Teenage Mutant Ninja Turtles*）、《特种部队》（*GI Joe*）和《X战警》（*X-Men*）等，取而代之的是加拿大本土制作或国际联合制作的"更加积极向上的节目"。[②]

三、中国动画片国际合拍的发展与"熊猫"系列合拍片的成功实践

近年来，中国动画片国际合拍取得了长足发展，这主要得益于中国国际

[①] 考林·霍斯金斯等著，刘丰海、张慧宇译：《全球电视和电影：产业经济学导论》，北京：新华出版社2004年版，第148页。

[②] [美]芭芭拉·J.塞尔兹尼克著，范雪竹译：《全球电视产业》，杭州：浙江大学出版社2017年版，第118、125页。

地位提升、影视产业发展，也是中国国际传播和文化软实力建设的必要举措。当前，中国动画片国际合拍的首要策略是深度挖掘中国的文化资源，包括在世界上有影响的文化符号资源。2017年，央视动画有限公司与美国孩之宝公司着手启动《哪吒与变形金刚》的合拍项目。《哪吒与变形金刚》是中美动画合作领域的里程碑项目，双方都希望通过这个项目深度挖掘经典动画IP的品牌价值。近年来，中国媒体机构为了配合国家外交大局，通过动画片合拍大力推进人文领域的交流。动画片国际合拍一方面可以增进国家间媒体层面的交流合作；另一方面也可以播出合作完成的动画作品来深化观众对彼此文化的认知和理解。在这方面，"熊猫"系列的国际合拍动画片堪称典范。

《熊猫和小鼹鼠》是"熊猫"系列国际合拍动画片的首部作品。2014年，央视动画公司和捷克小鼹鼠公司正式启动《熊猫和小鼹鼠》合作项目，由此开启了"熊猫"系列国际合拍项目。《熊猫和小鼹鼠》共52集，片中沿用原版《鼹鼠的故事》中"小鼹鼠"的经典形象，并根据中国文化特点和中国儿童审美习惯，创新设计了代表中国的卡通形象熊猫"和和"。全片融入大量贴近现实生活、充满童真童趣、饱含成长寓意的小故事，自然传导学习做人、学习立志、学习创造、乐观追梦等价值理念。该片也是中国与捷克人文领域交流合作的重要成果。2014年，国家主席习近平与来华访问的捷克总统米洛什·泽曼共同见证了《熊猫和小鼹鼠》合作协议签字仪式。2016年，在习近平总书记访问捷克前夕，《熊猫和小鼹鼠》开播仪式在捷克举办。

2017年，中俄首部动画系列片《熊猫和开心球》正式启动。《熊猫和开心球》共52集，以具有中国传统文化特色的中国动画明星"熊猫和和"与俄罗斯家喻户晓的动画角色"兔小跳"为主角，通过讲述妙趣横生的玩具店故事，体现两国独特的文化魅力和民族风俗，赞扬两国人民善良、勇敢、包容的良好品德。时任中共中央政治局委员、国务院副总理刘延东和俄罗斯联邦副总理戈洛杰茨出席了这部合拍动画片的发布仪式并致辞。刘延东在致辞中表示，《熊猫和开心球》是中俄合拍的首部动画片，是两国少儿媒体领域人文交流的新亮点。希望中俄合拍动画片《熊猫和开心球》不仅给两国少年儿童成长发展留下共同的美好回忆,也对促进两国文化交流,增进人民了解与友谊起到推动作用。

2018年,中南合拍动画系列片《熊猫和小跳羚》正式启动。《熊猫和小跳羚》由央视动画有限公司和南非TPW广播影视制作公司签署联合制作,共52集,每集12分钟。《熊猫和小跳羚》以中国熊猫和南非小跳羚为主角,通过动画形式让两个国宝级动物形象奇妙相遇、快乐相处,展现一个美好瑰丽的世界,向观众传达积极向上、乐观阳光的价值观。

"熊猫"系列国际合拍动画片使用"熊猫"作为主要形象之一,这既是对中国文化资源的传承与开发,也是中国文化传播的重要策略。北京大学课题组在美国、德国、俄罗斯、印度等国开展的一项调查显示,熊猫在"最能代表中国的文化符号"排名中位居第八,排在长城、中国烹饪、太极阴阳图、龙、中国功夫、汉语和中华医药之后;在喜爱度方面排名第5,位于长城、中国烹饪、太极阴阳图和龙之后。北京大学关世杰教授认为,熊猫温顺、可爱、憨态可掬,能带来快乐,应注重运用"熊猫"这个文化符号来代表中国强大也不称霸的价值理念。[①] 鉴于此,"熊猫"系列国际合拍动画片在商业合作与文明互鉴方面都有很好的前景,对于传播中华文化价值观,尤其是向海外儿童传播中国文化具有重要意义。

四、启示与展望

一项针对1995~2015年间丹麦收视数据的分析报告显示,丹麦5~10岁年龄段儿童在电子屏幕前花费的时间显著增长。1995年的时候,丹麦儿童在屏幕前的平均时间大约是每天2.5小时,到2015年的时候,这一时间已经达到

[①] 关世杰:《中华文化国际影响力调查研究》,北京:北京大学出版社2016年版,第190、192、239页。

了 4.5 个小时。从电视收视习惯来说，儿童收看电视节目的方式发生了巨大变化。1995 年的时候，他们主要在电视机上收看直播节目，而 2015 年的时候，他们主要是观看节目回放或优图（YouTube）等网站上的视频。① 在媒介急剧变革时代，动画片必然也会遭遇挑战，但国际合拍的强大优势能有效削减这种挑战。在全球化背景下，动画片国际合拍对于丰富选题、优化叙事方式、提升国际市场竞争力等方面都具有重要作用。中国动画片除了需要在外交和人文交流语境下积极探索、不断优化中外合作模式之外，还宜在商业语境下创新国际合作方式，提升中国动画的国际市场竞争力和影响力。

---

① 参见：Jane Wakefield: Children on Screens Six Hours a Day, www.bbc.com, 20150327.

第五章

国际传播视角下影视产品走出去的策略与路径

第一节　产品内容的精品策略与市场路径

一、国际媒体机构的影视内容精品策略

影视产品走出去的内容精品策略就是按照国家影视走出去的战略和目标，根据国际影视市场规律制作具有较高影响力和竞争力的影视剧和其他节目，并按照国际电视营销规律在海外进行推广和销售。纵观当前全球影视产品竞争现状，影视产品无疑是参与国际竞争的基础性资源；缺乏优质内容资源，媒体机构根本无法实现影视产品走出去，更无法走进去。美国影视产品之所以能够在全球范围内广受喜爱，正是因为其输出的多为影视精品。当然，影视产业作为一个高投入的产业，在制作发行放映等环节中，制作的环节是花费是非常高的，而且也是最花费精力的，美国始终坚持"高投入、高回报"的理念，为了实现高回报，影视产品会在制作环节极为用心。[①]

1. 影视精品是国际媒体机构的核心竞争力和关键策略

近年来，美国奈飞公司在全球网络视频电业务领域风生水起，其关键策略就锁定在精品内容上。美国奈飞公司首席执行官里德·哈斯廷斯（Reed Hastings）表示，2018年收视订费收入规模超过150亿美元，达到历史新高，这主要得益于原创精品内容战略。2018年，奈飞用于原创节目制作的预算金额高达80亿美元。奈飞公司在2018年推出了多个国际性的影视合拍项目，以有效聚合海外资源、强化国际特征。2018年，奈飞公司与土耳其O3 Medya公司合作，制作首部土耳其语原创电视剧，该剧共10集，讲述一位伊斯坦布

[①] 转引自刘洪：《中国影视文化产品出口研究》，首都经济贸易大学硕士学位论文，第26页。

尔现代年轻店主完成古代神秘使命，保护伊斯坦布尔的故事。在拉丁美洲，奈飞公司与哥伦比亚 Dynamo 公司合作，制作原创电视剧《萨瓦赫区》(Distrito Salvaje)。该剧 10 集，讲述一位哥伦比亚游击队员逃出密林、回归社会的故事。Dynamo 公司是拉丁美洲最知名的影视制作公司之一，此前与奈飞合作制作了《毒枭》。该剧也是充分挖掘哥伦比亚社会"特征"，根据哥伦比亚毒枭巴勃罗·埃斯科瓦尔的真实故事改编，主要讲述了他建立世界最大的贩毒集团麦德林贩毒集团的故事，共 10 集。在东亚，奈飞公司与韩国媒体合作推出了首部韩国单人喜剧特辑，另外还制作了一部韩国单人喜剧。

当前，影视精品策略在实际操作中可以解读为"大片"模式。这一模式通过集中大量人力和财力打造影视精品，从而减少了产业的风险。这一模式中内容创作的主要动力来自于经济，而非艺术。这就将创作战略和市场战略紧密联系在一起。这一模式有两个前提，第一是在人才、制作以及市场营销上的大量投资就意味着会获取大量的观众，第二则是观众的选择取决于产品的宣传攻势，宣传得越好就会驱使更多的观众选择这一产品。[①] 换言之，影视精品策略需要有国内成熟的产业作为支撑。近年来，韩国希杰公司（CJ）大力在海外输出其影视产品，并面向海外市场创办了一个名为"tvN"的电影频道。该频道以韩国最新热播电影和精品电影为主，如《釜山行》等，并配以英语、中文、马来文字幕。该频道每月资费约为 4.9 美元。用户除了可以观看该频道，还可以进入韩国希杰集团的视频点播平台 Zone 观看其影视节目。2017 年，韩国 JTBC 电视台《秘行要员》(MAN X MAN) 在美国奈飞公司（Netflix）网络视频点播平台面向全球 190 个国家同步播出，包括英国、法国、德国、西班牙、意大利、巴西、日本、印度等。在韩国，该剧是在 JTBC 电视台播出 1 个小时后再在奈飞网络平台上播出。在美国，该剧改编为两期播出，每期为 8 个集。该剧在奈飞公司网络平台上以 20 多种语言加配翻译字幕。虽

---

① [英] 露西·昆，高福安著，王文渊译：《媒体战略管理——从理论到实践》，北京：中国广播电视出版社 2013 年版，第 86~87 页。

然韩国之前也有电视剧与美国奈飞公司合作，但以此种模式进行全球性播放却是史无前例的。正是因为美国奈飞公司高度认可该剧的品质，认为该剧对国际受众具有吸引力，该剧才得以获得如此难得的国际分发机会。《秘行要员》由李昌民执导，金元锡执笔（《太阳的后裔》编剧），朴海镇、朴成雄、金玟廷、延政勋等主演。该剧以特殊警卫要员金蔻雨（朴海镇 饰）与大明星吕云光（朴成雄 饰）的兄弟情作为焦点展开，讲述长时间以明星身份生活的演员和其拥有特殊调查权、负责警卫工作的保镖之间所发生的故事。可见，影视精品策略实际上是国内影视产业实力在海外的投放策略，换言之，国内影视产业实力是影视精品国际竞争力的基础。

2. 国际媒体机构越来越注重本土化影视精品制作

在传统媒体时代，国际媒体机构通过本土化制作来增加影视产品的异国风情，强化国际化色彩。在新兴媒体时代，观众在互联网平台上拥有了更强的主动权，可以"货比三家"；影视市场的竞争更为激烈，而本土化节目成为致胜关键。另外，互联网成为跨国影视内容分发和播出的主要渠道，一些国家和地区对于互联网电视平台上本土内容的比例出台了新的规定，以与传统电视领域的内容监管保持一致性和延续性。2017年5月，欧盟委员会针对新兴媒体平台节目内容构成出台了新规。根据新规，新兴媒体平台在欧洲开展网络电视等运营播出业务时，欧洲节目内容在平台整体节目内容中所占比例不得低于30%。这就意味着，区域外媒体机构在欧洲市场经营网络电视平台业务时，其内容库需要增加欧洲节目内容，以确保欧洲内容在节目库中所占比例不低于30%。

在本土化影视精品制作方面，美国家庭影院频道（HBO）一直处于国际领先地位。在新兴媒体时代，美国家庭影院频道面对国际媒介变革更是通过本土化影视产品来强化市场适应能力和竞争力。在欧洲，美国家庭影院频道欧洲公司（HBO Europe）近两年在克罗地亚和塞尔维亚分别制作一部本土原创影视剧，即 Uspjeh 和 Otok。为了强化影视剧的本土化，美国家庭影院频道欧洲公司举办了首届亚得里亚地区剧本大赛，并从中选出了这两部剧的剧本。Uspjeh 是犯罪题材，片中对塞尔维亚社会中黑暗面进行了深刻剖析，而 Otok 则是一部侦探主题的恐怖片。此外，美国家庭影院频道欧洲公司在欧洲多个国家正在或将要制作本土影视剧，如在波兰制作 Wataha，在捷克制作 Burning Bush 等。

在拉丁美洲，美国家庭影院频道拉丁美洲公司（HBO Latin America）2017 年与阿根廷 Pok-Ka 公司合作，在阿根廷以超高清格式（4K）拍摄了 8 集原创剧《青铜花园》（El Jardin de Bronce）。该剧根据阿根廷小说改编，全部在阿根廷拍摄，并全由阿根廷知名演员出演。该剧于 2017 年 6 月播出，并同时面向整个拉丁美洲地区发现。该剧除了在传统付费电视频道上播出之外，还同时在网络电视等新兴媒体平台上播出。自从 2004 年以来，美国家庭影院频道拉丁美洲公司已经针对拉丁美洲国家只做了多部原创影视剧和纪录片，如《催眠师》（El Hipnotizador）、《宏伟的 70》（Magnifica 70）、《商战》（El Negocio）和《阿维拉先生》（Sr Ávila）等。

在亚洲，美国家庭影院频道亚洲公司（HBO Asia）在 2017 年与中国台湾公共电视公司（简称公视）、新加坡 IFA 公司共同出资制作首部华语原创电视剧《通灵少女》（The Psychic）。《通灵少女》是在台湾短片《神算》的基础上改编的。《通灵少女》全剧在台湾拍摄，将于 2018 年在亚洲 23 个国家和地区播出。《神算》曾获得台北电影奖的最佳短片，并于 2013 年时入围过金马奖的最佳创作短片。而原先《神算》的主创团队，包含导演陈和榆以及摄影师陈克勤，也将会继续在《通灵少女》中制作。《通灵少女》女主角由郭书瑶出演，她曾凭电影《志气》拿下金马奖最佳新人奖。改编后，《通灵少女》与其说是跟宗教题材相关，不如说是一个更广为人接受的，关于爱情、成长的故事。这样的策略或许才是美国家庭影院频道亚洲公司制作原创戏剧的重点，一个与亚洲当地的特殊背景相关的题材，搭配各国观众都能轻易理解的普世价值的故事。

另外，一些新兴媒体机构也紧随其后，强化本土节目制作能力建设，加大本土节目制作力度。2018年7月，美国奈飞公司在西班牙建立了首个欧洲制作中心。这个中心位于马德里的电视城中，是奈飞公司全球西班牙语内容生产的核心。为了有效运营和管理这个中心，奈飞公司与西库亚集团（Grupo Secouya）签署了一个多年合作协议，西库亚集团负责为奈飞公司管理制作中心的运营维护、独家制作服务等。其实，在新兴媒体时代，本土化节目制作也更为便利，内容的针对性和贴近性更强，挖掘有市场潜力的IP提供了有利条件也更为高效。从实际效果来看，本土化制作能大大强化影视产品在法律规制、受众需求等方面的本土市场适应能力。

二、影视精品走出去的关键在于译制

国际媒体机构非常影视内容精品策略除了要注重制作环节之外，还要更加跨国输出的特点强化译制配音环节。在这方面，中国近年来进行了积极探索。从2012年起，国家新闻出版广电总局（2018年3月改组为国家广播电视总局）相继推动实施"中非影视合作工程""丝绸之路影视桥工程—中国影视剧对象国本土化译配项目""中国当代作品翻译工程"等影视剧译配项目，截至2018年已将1600部优秀中国影视剧，译配成英语、法语、俄语、阿拉伯语、缅甸语、蒙语等36个语种，推广到全球100多个国家播出，本土化语言译制总时长近6万小时。其中，"中非影视合作工程"也称为"1052工程"，它是当时的国家新闻出版广电总局为提升对非国际传播能力的重大战略举措。该工程每年用非洲当地主流语种译制国内精选出的10部电视剧和52部电影，并在非洲发行、播出。从2011年年末斯瓦希里语配音版中国电视剧《媳妇的美好时代》在坦桑尼亚播出至2018年之际，已有150多部反映中国"现实题材、平民生活、主流价值"的优秀电视剧、电影、纪录片、动画片被相继译制成英语、法语、葡萄牙语、阿拉伯语、斯瓦希里语、豪萨语、西班牙语 7 种非洲通用语言，在非洲 40 个国家的主流媒体陆续播出。其中，《北京爱情故事》《奋斗》《金太狼的幸福生活》《杜拉拉升职记》等反映中国青年通过自身拼搏实现个人梦想的电视剧深受年轻人欢迎；《农民工的局长》《与全世界做生意》等描述中国社会风貌、人民生活的纪录片向让非洲观众展现了一个更为真实、全面、立体的中国形象；《建国大业》《建党伟业》等革命、军旅题材的电影向非洲观众讲述了中国和中国共产党的发展历程和道路选择；《少年狄仁杰》《少年阿凡提》等国内外益智故事改编的动画片为非洲儿童带来了乐趣和学习经验；而《西游记》《画皮》一类中国古典作品改编的影视剧，向非洲观众展现了一个极富东方魅力的魔幻世界，给非洲观众带来了不同于好莱坞风格的梦幻体验。这些精品内容得以在非洲广泛传播，其关键点在于本土化语言译制，使得非洲观众接受看得懂中国节目、理解的了中国文化，逐渐培养起对中国文化的认同。在具体实践中，译制和配音的精益求精是确保影视产品取得传播效果的关键。以豪萨语版《北京爱情故事》为例，我国传媒机构为了确保翻译质量，同时也考虑到非洲人民的收视习惯，专门派工作组专程赴尼日利亚选拔豪萨语主要配音演员。

三、影视精品策略在我国影视产品走出去中的作用与意义

相比欧美国家，我国影视产品走出去的时间还不长，传播实力不够雄厚，经验不够丰富，效果也有待提升。在此背景下，影视精品策略对现阶段中国影视产品走出去具有非常积极的作用，有助于改进传播方式、提升传播效果。

1. 影视精品策略有助于破解影视国际传播的困局

目前，我国影视国际传播主要困局在于国际市场化程度不高、品牌影响力不大、观众认知度不足，换而言之，我国影视国际传播的宣传意识仍较重，

传播行为与国际影视市场的契合度不高。影视精品策略是破解这种困局的重要方式，因为这些影视精品都是我国电视领域的上乘之作，题材主要围绕当代普通人的生活，能有效减少传播中的"政治折扣"。此外，有研究者就指出，过去中国影视文化产品经过"粗加工"出口到美国后，常常出现严重的"水土不服"现象，其中一个重要原因就是中国缺乏专门的影视产品译制机构和翻译标准，这导致影片在美国等国外市场放映时出现翻译"驴唇不对马嘴"。[①]自从"中非影视合作工程"等译制项目开展之后，我国在选择面向海外输出的影视节目时，在翻译制作上日益规范。这些节目经过目标国演员本土化译配之后，能有效减少"文化折扣"。正是基于这些原因，我国影视产品在非洲等地的认可度和影响力正在稳步提升。

2. 影视精品策略有助于推动影视国际传播的升级

我国影视国际传播的最高目标和境界是：我们的影视产品成为国际市场的畅销品，具有很高的品牌认知度和影响力，实现从"花钱送节目"到"赚钱卖节目"的转变。影视精品策略是这个发展路径中的关键一环。当我们的节目被认可了，影响力出来了，品牌形成了，市场也就培育出来了，我国国际传播的外部环境由此得到有效改善，并实现彻底转型。中央电视台在2013年向毛里求斯国家电视台赠播了《走过花季》等4部法语电视剧，并在该台MBC3频道周一至周五的黄金时段播出，平均收视率达到了2%。影响力扩大后，毛里求斯国家电视台在2013年年底提出，希望购买我国法语版的电视剧。经过几年市场培育后，我国影视产品在非洲将逐渐建立起品牌，由此拉动对非传播的升级。在这个过程中，我国也逐渐积累了影视国际传播的市场化经验、锻炼了队伍、固化了模式、建立了机制，为全方位的升级奠定了基础。

---

① 卢冉：《中国影视文化对美传播的现状、问题及对策》，载于《青年记者》2013年2月刊。

3. 影视精品策略有助于提升影视国际化程度

目前，我国媒体机构在制作影视作品的时候，主要是针对国内市场，即出售给电视台或视频网站播出，并不注重国际市场。在新的形势下，我国媒体机构和影视文化产业逐渐开始兼顾国内市场和海外市场，推进与节目制作、营销等相关的国际化进程。国际化的根本目的就是最有效地整合和利用国内资源，提升在国际市场的竞争力、影响力和输出规模。我国媒体机构和影视文化企业的整体实力得到了显著提升，关键是在实现国际化的过程中同步建立起转化机制，把国内市场资源转化为国际竞争力资源。

影视精品策略是我国影视国际传播在新的传播形势下的重要路径，也是我国影视国际传播实现升级的重要动力。影视精品策略是过程，不是最终目的。影视精品策略推动我国影视产品打开国际市场，构建国际品牌，提升国际市场影响力和占有率，更为重要的是为我国建立外向型影视产业奠定基础。

第二节 分发渠道的多元策略与融合路径

在媒介变革的大背景下，欧美发达国家正在利用媒体变革契机，大力拓展新兴媒体平台，在保持内容优势的同时，全面优化传播渠道布局。在当前影视国际传播竞争格局中，美国在已有内容、技术、资本、人才等方面优势基础上，正借助新兴媒体变革构建出"强者愈强"的发展态势。即便是英国这个传统的电视强国，也开始感受到美国强势竞争的危机。2018年3月，英国广播公司总裁托尼·霍尔表示，20世纪70年代以来，英国广播公司从未面对过当前如此严峻的形势，美国奈飞（Netflix）、脸谱（Facebook）、亚马逊（Amazon）等新兴媒体巨头带来巨大挑战；这些"西海岸巨头"极尽其能地挖掘个人数据,利用数据技术来驱动业务和利润增长。在媒介变革时代,影视产品走出去需要积极变革,否则"不进则退",在整个国际市场竞争格局中处于日益弱势的地位。近年来,中国电视领域积极推进国际传播能力建设,致力于实现讲好中国故事、传播好中国声音,通过电视频道和影视作品促进与世界各国的信息沟通、人文交流、文明互鉴。当前,中国电视国际传播亟须因应媒体变革,把握发展机遇,抢占传播变革先机,优化传播理念、完善传播布局,推进融合传播渠道建设。影视产品走出去的核心任务之一就是构建一个推广、分发和销售渠道体系。传统上,中国影视产品走出去主要采取传统的赠送、销售等渠道,近年来也在积极尝试在海外开办频道、合办频道等形式。相比西方影视强国,我国影视产品走出去的渠道相对简单,对于新兴媒体渠道的运用也不够充分。在当前激烈的竞争态势下,我国影视产品走出去必须要着力构建一个覆盖广、效率高、国际化与现代化的渠道体系。

一、西方国家国际影视产品输出的渠道及策略

长期以来,影视产品在国际上的输出"渠道"主要是文化/外交和市场两条路径,换而言之,主要是采取"非盈利"和"盈利"两个方式,前者着眼于提升国家形象和文化影响力,后者则是谋求商业利益。长期以来,中国主要采取第一种输出渠道,而美国则遵循后者,这也是美国的传统模式,早在20世纪20年代,美国政府把美国电影进入欧洲市场的准入作为附加条件写进了1920年的合约,随后美国电影在欧洲市场长驱直入。[①] 当然,中国近年来也在调整影视产品"走出去"的策略,更加注重市场效应,也取得了较为喜人的成绩,2016年中国电视剧、纪录片、动画片及综艺节目出口总额达到了1.2

---

① [法]巴尔比耶、拉维尼尔著,施婉丽等译:《从狄德罗到因特网:法国传媒史》,上海:上海人民出版社2008年版,第174页。

亿美元，电影海外票房收入达到了38亿人民币。

1. 节目销售

当前，影视节目的商业属性逐渐被广泛认可，和其他商品一样遵循国际贸易规则进行市场交易。尽管法国等国一直在强调，影视产品具有文化属性，不同于一般商品，但时至今日，影视节目的商品属性仍是作为首要属性，而且美国仍然居于主导地位。基于此，国际影视节目销售的市场和模式已经成型。以电视节目为例，全球已形成了十余个有影响的国际影视节展，供各国参展和交易，包括法国戛纳春季电视节、戛纳秋季电视节、新加坡电视节、土耳其电视节、东欧电视节、南非电视节、阿拉伯广播电视节、莫斯科世界内容市场交易展、迪拜电视节、墨西哥电视节等。

需要指出的是，美国在影视节目的输出规模以及市场规则、交易模式等方面都占据了主导地位。美国凭借丰富的国际贸易经验，在影视节目销售中形成了从价格制定到销售窗口等一整套策略。例如，美国节目的出口价格总是要视特定市场的状况而定，而且价格的运作中也存在着"文化折扣"的因素。价格与出口国及进口国之间文化的接近程度相关，文化接近性越低，价格越低。早在1994年，一份关于荷兰五个主要电视频道节目的研究，将节目分为五种类型："高市场价值"、"高文化价值"、"少数群体的必需品"、"真实类"的内容（新闻、信息、体育）以及"主要娱乐"（竞赛节目、喜剧、音乐、连续剧等）。研究结果发现，荷兰五个主要频道中播出的第一种节目大约占24%，其中2/3为进口（主要从美国）；高文化价值、少数族群及真实性的内容几乎都是国产或欧洲节目（占45%）。在主要娱乐的节目中，荷兰生产的与进口的产品（主要从美国）各占一半。全部进口的内容大约占30%左右。[①]在销售窗口方面，美国大多数新拍电视剧被同期销售到国际市场，国内播出

[①] [英] 丹尼斯·麦奎尔著，崔保国、李琨译：《麦奎尔大众传播理论》，北京：清华大学出版社2006年版，第194页。

时间与海外播出时间之间相隔的时间为 84 天。例如，美国地面和有线电视频道在 2013 年共播出 54 部新拍的电视剧，其中的 40 部当年就销售到海外播出。

2. 频道输出

除了节目销售，影视频道输出也是当前影视产品国际"输出"的重要方式。其中的代表如美国家庭影院频道（HBO）、星光佳映集团（Starz Encore）、映时频道（Showtime）、EPIX、美国经典电影频道（American Movie Classics，简称 AMC）、福克斯电影频道（the Fox Movie）、圣丹斯频道（the Sundance Channel）和特纳经典电影频道（Turner Classic Movies）等。在海外，美国影视频道的输出主要采取三种经营模式：一是频道销售，例如直接以 HBO 和 Cinemax 为品牌播出频道；二是内容销售，例如向当地频道销售 HBO 和 Cinemax 等频道的原创内容，并以视频点播、DVD 等方式向用户进行内容分发。其中一些节目在当地以冠名栏目的方式播出，如在英国、澳大利亚、法国、德国和以色列为"家庭影院之家"（Home of HBO），在加拿大为"加拿大家庭影院"（HBO Canada）；三是直销，即通过新兴媒体平台开展网络电视业务，直接面向用户进行频道和原创内容分发。美国家庭影院频道（HBO）针对新的媒介技术环境和市场特点，近几年在着力发展网络电视业务，即"此刻家庭影院"（HBO Now）。截至 2017 年 2 月，该业务在美国的订户总数超过了 200 万。在海外，该业务已经拓展到了欧洲和拉美等地，2016 年新进入的市场包括西班牙、巴西和阿根廷。当前，新兴媒体技术为影视频道拓展海外市场提供了诸多机遇。基于全球网络通信技术的发展，新兴媒体技术为传统电视拓展海外市场提供了低成本、高效率的渠道。

大型传媒集团通常会针对不同国家或地域的观众特点和市场需求，对频道内容进行不同编排，并对节目进行字幕翻译或配音，在一个全球品牌下推出当地版本。例如，美国索尼影视集团（SPT）在亚洲推出了 7 个频道，包括 ONE、Animax、AXN、beTV、索尼综艺频道（Sony Entertainment

Television)、GEM，另外还有与印度尼西亚多瑞传媒集团（Dori）合办的 Televiva。以在越南为例，美国索尼影视集团（SPT）旗下 GEM 频道于 2014 年 2 月开始在越南 HTVC 有线电视系统播出，这个频道的主要以越南语配音或字幕播出，频道内容主要是中国大陆、中国香港及台湾地区、韩国等地的电视剧和其他节目。美国电影票房电影频道（FilmBox）隶属于美国 SPI 国际集团（SPI International），该集团也是采用"双轨并进"的海外市场策略在海外播出美国电影票房电影频道。一方面，不断拓展该频道播出范围，在包括在非洲、中东等地区广泛播出该频道基本版。另一方面，在相对成熟的国家推出付费频道或制作当地版本，拓展付费用户和高端观众的规模。2014 年 10 月，美国电影票房电影频道就将面向东中欧地区进行频道品牌调整，推出了"电影票房付费频道"（FilmBox Premium），以与该基本版本有所区别。此前在 2011 年，美国 SPI 国际集团在西班牙 Starmax HD 平台推出两个频道，基本版本（FilmBox）和西班牙版（FilmBox Espaa）。

3. 开办本土频道

在媒体政策允许的情况下，有实力的传媒集团会在目标国开办本土频道，包括开路频道、有线或卫星频道。依托自身的内容资源优势和国际市场运营能力，这些传媒集团会在多个国家同时运营本土频道，依靠规模形成市场优势。所有大型国际传媒集团都遵循同样的战略：一方面要控制、优化节目供应；另一方面要为同一产品（电影、唱片或广播电视节目）找到尽可能多的市场出路。① 本土频道的盈利模式主要是两种：一是广告收入模式，即频道以免费方式播出，收入来源主要是广告；二是收视费模式，即频道以付费模式播出，收入来源主要是通过运营商从观众收取的收视费。以美国媒体在捷克为例，捷克对于外来频道的限制较少，美国经典电影频道（American Movie

---

① ［法］巴尔比耶、拉维尼尔著，施婉丽等译：《从狄德罗到因特网：法国传媒史》，上海：上海人民出版社 2008 年版，第 309 页。

Classics，简称 AMC）于 2014 年 10 月从捷克广播电视播出委员会（Council for Radio and TV Broadcasting，RRTV）获得了一张卫星频道的执照，该执照有效期为 12 年。获得牌照后，AMC 于 2014 年 11 月在捷克开播一个影视卫星频道，主要播出美国电视剧、电影等。

除了在海外自办频道，国际大型传媒集团还会通过收购本土频道，以"旧瓶装新酒"的方式经营这些频道，即在输出自身的优势节目资源的同时，以收购方式获取了原有频道在当地的品牌影响、发行渠道、人脉资源、法律保障、采编网络和设施等。例如，福克斯国际电视网（FIC）2013 年在非洲收购了赛坦塔公司（Setanta），该公司旗下有三个体育频道，即赛坦塔非洲频道（Setanta Africa）、祖库体育频道（Zuku Sports）和赛坦塔动作频道（Setanta Action）。这三个频道在非洲拥有 100 万家庭用户，其中赛坦塔非洲频道以英语和法语播出，祖库体育频道（Zuku Sports）以高清格式面向东非播出。通过收购赛坦塔公司，福克斯国际频道在全球体育节目领域的整体竞争力大大提升，成为全球最主要的体育频道之一。可见，通过兼并目标国当地频道，美国传媒公司有效提升了在目标国家的播出规模和市场份额。

4. 新兴媒体平台与直销模式

新兴媒体平台为影视节目跨国输出提供了一个新兴平台，这对于影视节目制作方、传统电视台和渠道运营商等来说都具有革命性的意义。借助新兴媒体平台，影视节目从一个国家输出到另一个国家不再受到传统意义上的"国界"和"产业链"的限制，可以直接面向目标受众提供"点对点"的节目服务。但媒介变革的最大受益者仍然是欧美发达国家，美国更是最大受益者；即便是在欧洲市场，美国也几乎所向披靡。根据欧洲视听观察室（the European Audiovisual Obersvatory）2016 年对欧洲跨区域以及欧洲各国的 75 个传统视频点播（TVOD）和 16 个网络视频点播（SVOD）平台上播出的电影进行分析，研究这些电影的制作或版权引进来源国。研究发现，这两种视频点播平台上的电影主要来自40个国家，包括欧洲国家、美国和其他国家。在传统视频点播平台上，27%的节目来源于欧洲，59%的节目来源于美国；在网络视频点播平台上，30%的节目来源于欧洲，60%的节目是美国电影。研究还发现，一个国家在这两种视频点播平台上的电影数量，与该国的电影制作能力直接相关。另外，每一个欧洲国家观众的内容喜好存在一定差别，每一个国家在平台上播出的电影类型与该国观众的喜好直接相关。[①]欧洲视听观察室2017年研究报告显示，美国电影和电视节目在欧洲网络视频点播业务领域居于统治地位，67%的网络视频点播内容是美国电影，欧洲影视节目内容仅占20%，欧美之外的影视内容份额为13%。[②]根据欧洲视听观察室2018年发布的数据，在欧洲SVOD（付费订阅网络电视业务）和TVOD（按次观看网络电视业务）网络电视平台上，欧洲产电视剧的份额分别为63%和19%；在非欧洲产电视剧中，美国电视剧的份额分别为92%和66%。目前，欧洲SVOD业务平台主要有：亚马逊（Amazon）、C More、地平线（Horizon）、奈飞（Netflix）、Voyo。欧洲TVOD业务平台主要有：苹果（Apple iTunes）、Chili TV、微软（Microsoft）、Rakuten、SF Anytime、谷歌（Google Play）、索尼（Sony Plastation）。[③]可见，新兴媒体发展为影视节目销售提供了更为便捷的渠道，但也意味着更为激烈的竞争。

当前，国际大型媒介集团充分发挥节目资源、技术研发和国际市场运营等方面的优势，运用新兴媒体平台进行节目输出。美国星光集团（Starz）是美国主要影视产品制作、聚合和播出机构，该集团近年来加大在海外发展力度，尤其是在中东北非地区市场的拓展力度，并取得了显著效果。根据2018年数据，中东北非地区网络视频业务用户规模在2013~2022年间的复合年度增长率为64.2%；相比之下，传统付费电视业务仅为6.1%。美国"星光播映"

---

① 参见：www.rapidtvnews.com/20160421142584/europe-the-source-of-a-third-of-all-films-available-on-region-s-vod-services.
② 参见：www.digitaltveurope.net/705641/us-content-dominates-euro-vod-slates.
③ 参见：www.broadbandtvnews.com/2018/04/10/european-tv-series-popular-on-pay-vod.

（Starz Play）在中东北非地区的市场份额位居第一，达到了 26%；2020 年，该业务的市场份额有望超过 50%。美国"星光播映"（Starz Play）的市场策略主要包括三个方面：渠道策略、内容策略和价格策略。渠道策略主要是与当地主流电信和付费电视运营商合作，包括 Etisalat、du、Saudi Telecom Group、Ooredoo Group、Orange Jordan、Orange Egypt 和 Orange Morocco 等；内容策略主要是提供高质量的本土内容和区域性内容；价格策略主要是针对不同市场采取不同的收费方式和价格标准。受益于此，该业务在 2015~2017 年间的订户规模增长了 112%。"星光播映"的主要市场是沙特阿拉伯，约占订户总数的一半。① 另外美国奈飞公司（Netflix）在海外市场也采取了相似的策略。以该公司在印度的发展策略为例，该公司在 2016 年 1 月进入印度市场，并在孟买开设了办事处。为了进一步提升本土化程度和在当地市场的竞争力，2017 年 3 月，美国奈飞公司宣布在印度与三家公司建立战略合作伙伴关系，其中一家是移动通信运营商沃达丰公司（Vodafone），另外两家是直播到户卫星电视运营商印度视频直达公司（Videocon d2h）和印度空电数字电视公司（Airtel Digital TV）。通过与沃达丰公司合作，奈飞公司将后付费和预付费服务的缴费业务搭载到沃达丰公司的平台上。通过与印度视频直达公司及印度空电数字电视公司建立合作关系，奈飞公司的网络视频点播业务可以直接嵌入这两家印度公司的机顶盒中，方便印度观众收看其节目。

二、我国影视产品走出去渠道策略的调整与变革

近年来，我国影视产品的渠道更为多元，效果也得到显著改善，但与西方发达国家相比仍有明显差距。为了适应当前国际影视竞争和新兴媒体发展特点，我国应积极调整和变革影视产品走出去的渠道策略。

---

① 参见：www.rapidtvnews.com/2018041651690/starz-play-hails-4th-year-with-26-share-of-mena-s-ott-sector.

1. 强化市场导向，融入国际发行体系

与西方国家相比，我国影视产品走出去以"外宣导向"为主，"市场导向"还处于起步阶段。以电视频道走出去为例，除了直接"花钱买落地"之外，还有间接"援外促落地"，即在一些电视制播技术较为落后的国家或地区，中国电视机构通过在硬件领域投资设立电视发射台、转播站、传播网等方式，间接实现中国电视频道的落地。在中国国家商务部对外援建司的对外援建项目名录中，广播电视硬件设施是重要的援建项目。[①]我国从 2004 年开始以"中国电视长城平台"为品牌积极推动电视频道在海外的商业化落地，通过与当地运营商合作分成的方式推动中国电视频道进入当地内容分发体系。此后，一些地方电视台也在积极推动电视频道在海外的商业化落地，例如江苏广播电视台以"紫金国际台"为品牌推动影视产品走出去，该频道于 2015 年 2 月在香港、马来西亚和泰国开播，2016 年 8 月在新加坡开播，频道通过固话网络、宽频互联网、电视以及移动网络进行分众传播，实现了对海外主流人群全媒体"四网合一"覆盖。另外，四达时代集团在非洲开展数字地面电视和卫星电视的平台建设，为我国影视节目"走进"非洲提供了高质渠道，是当今我国影视领域"走出去"的又一成功案例。当前，我国影视产品走出去的重中之重是推动影视产业的供给侧结构性改革，将目前国内影视制作产能有效转化为国际市场竞争优势，通过政策引导和市场主体，加大影视产品走出去力度和国际市场占有率，有效融入国际影视产品的发行体系。

2. 注重国际合作，强化本土渠道建设

在全球化时代，资本和技术的跨境流动，以及节目制作和模式的跨境合作正日益模糊了传统影视节目传播的国界概念，传媒机构需要重点关注传媒机构所有权、节目制作模式、内容分发、播出和消费中的全球化与本土化问题，

---

① 张梓轩:《走向世界的中国电视：国际文化贸易的视角》，北京：清华大学出版社 2014 年版，第 229 页。

这其中就包括渠道建设的本土化问题。在这方面，我国万达集团进行了成功探索。院线是电影的重要发行渠道，也是整个电影产业的关键一环。2012年，万达集团以26亿美元并购了美国AMC电影院线，一跃成为全球规模最大的电影院线运营商。2015年，万达集团以22.46亿元人民币全资收购澳大利亚第二大院线公司Hoyts。2016年3月，AMC电影院线又出资11亿美元并购美国卡迈克院线（Carmike），万达集团由此成为美国和全球最大的电影放映商。2016年年底，AMC院线并购欧洲第一大院线Odeon&UCI院线获得欧盟批准、成功完成交割。由此，万达集团在北美、欧洲和澳大利亚等电影市场都占据了领先地位。与电影院线一样，电视频道是电视节目发行的重要渠道，也是电视业的关键一环。虽然电视节目制作机构中不乏实力的民营企业，但中国电视业的主体仍然是国有机构，而国有媒体机构缺乏万达集团这种在国际上进行资本运作的决策机制、主观意愿和综合能力。下一步，我国应积极鼓励国有媒体和民营文化企业积极在海外进行电视频道的参股并购等资本化运作，并以此强化本土化渠道建设。

当前，互联网正在改变电视国际传播的模式，包括本土化的内涵。正如美国亚马逊首要视频（Amazon Prime Video）的全球内容总监罗伊·普莱斯（Roy Price）在2017年所说的，媒体领域并不存在所谓"全球用户"（Global Customers）的概念，因此必须要实施"多元本土战略"（multi-local strategy）。只有在"本土化"的概念和模式中注入新兴媒体元素，才能更好地体系本土化的价值。美国家庭影院频道在内容和渠道方面的本土化策略为我国电视国际传播提供了重要的参考。当前，我国要着力强化本土化渠道建设，在形成品牌影响力和市场竞争力之后，中国故事和文化在当地的传播就会水到渠成。

3. 强化新兴媒体平台建设

在传统媒体时代，影视剧、纪录片、动画片、综艺栏目等节目主要依靠版权贸易或节目交流方式进入海外市场，由购买方或获赠方在相应渠道播出。

在新兴媒体时代，网络电视等新兴媒体平台为影视作品国际传播提供了新的渠道。近几年，中国影视制作和出口机构都在着力拓展新兴媒体平台，并取得了积极效果。2016年，全球最大的网络电视平台引进播出了中国电视剧《何以笙箫默》，这也是中国大陆在该平台播出的首播时装剧，该剧由此触达全球190多个国家和地区的观众。上海克顿传媒作为国内知名民营文化企业，早在2013年就在美国优图（YouTube）上开设专区（或自营频道），克顿传媒上传了全部自制影视剧，运营成绩突出，截至2018年年初，观看点击次数已超过6亿次，粉丝主动将字幕翻译成英、西、日、韩、印尼、俄、波兰、波斯语等多种语言。就经营收益而言，媒体机构可以从合作的新兴媒体平台获得可观的收入分成。目前，上海五岸传媒等影视出口企业从美国优图等平台获得分成收入已经占其海外总收入的一半以上。美国知名媒体同样也非常看重新兴媒体平台在市场营销、宣传推广、内容销售方面的优势。例如，美国家庭影院频道（HBO）除了与传统电视运营商合作之外，近年来加大了网络电视平台的合作力度。2018年1月，美国家庭影院频道在日本与亚马逊日本平台合作，提供网络视频点播业务。在美国国内，美国家庭影院频道在亚马逊（Amazon）网络电视平台上设立专区，面向其Prime业务订户提供服务。2017年11月，美国家庭影院频道又在美国电话电报公司（AT&T）的网络电视业务（DirecTV Now）平台上设立专区，订户每月在支付5美元额外订费后可以观看美国家庭影院频道的内容。可见，新兴媒体平台正在成为影视作品国际传播的重要渠道。

相比传统播出渠道，新兴媒体平台在市场竞争力、服务便捷性、效果可测性等方面都具有较为显著的优势。网络电视通常会选择与主流电信运营商或电视运营商合作，主动传统付费电视业务进行融合。例如，美国奈飞在挪威与挪威电信集团（Telenor）建立了长期合作关系，美国奈飞的网络视频点播业务入驻挪威电信集团的机顶盒系统。挪威电信集团在其欧洲和亚洲市场上的移动通信和固话通信业务中增加奈飞公司的网络视频点播业务，并在费用支付、市场营销和机顶盒集成等方面协同操作。目前，挪威电信集团已经在挪威、丹麦、瑞典、匈牙利、黑山、塞尔维亚、保加利亚、巴基斯坦、缅甸、孟加拉国、泰国、马来西亚和印度等13个国家开展移动通信业务，在北欧地区还开展宽带和电视业务，并居于市场领导地位。可见，美国奈飞通过与挪威电信的合作，大大拓展了市场范围，也提升了服务质量。在印度，美国奈飞公司与三家公司建立战略合作伙伴关系，包括移动通信运营商沃达丰公司（Vodafone）、直播到户卫星电视运营商印度视频直达公司（Videocon d2h）和印度空电数字电视公司（Airtel Digital TV）。通过与沃达丰公司合作，奈飞公司将后付费和预付费服务的缴费业务搭载到沃达丰公司的平台上。通过与印度视频直达公司及印度空电数字电视公司建立合作关系，奈飞公司的网络视频点播业务可以直接嵌入这两家印度公司的机顶盒中，方便印度观众收看其节目。新兴媒体平台在海外将业务"嫁接"到传统电信运营平台或电视运营平台后，极大地提升了服务的本土化程度和在当地市场的竞争力。对于影视作品国际传播而言，通过与这些新兴媒体平台合作，就能有效开展"借船出海"，在海外市场较好地实现传播目标。

第三节 "电视中国剧场"模式的创新分析

"电视中国剧场"是我国为推进影视产品"走出去"、提升影视国际传播效果而进行的策略创新、模式创新和路径创新。通过与目标国主流媒体的合作，我国影视产品借助"电视中国剧场"得以进入目标国市场、在主流电视频道的固定时段播出，直接触达主流观众人群，传播效果显著。

一、《中国剧场》项目简介与模式分析

"电视中国剧场"是在国家广电总局(原国家新闻出版广电总局)的推动下,中国影视机构和民营文化企业通过与当地广播影视机构交流合作,实现了影视节目走出去、走进去,不断提升海外影响力。中国影视机构和民营文化企业在目标国主流传统电视媒体的固定时段、固定频道开办"电视中国剧场",定期播出中国优秀影视节目,提升中国影视作品的国际影响力和品牌形象。根据不同国家和地区的本土化需求,"电视中国剧场"由不同的实施主体退出不同的呈现形式,如"中国剧场""中国时段"以及本土化频率频道等。截至2018年,全球已有30多个国家开设了"电视中国剧场"。

"电视中国剧场"项目最初是在2014年由广西人民广播电台启动实施的。当年,广西人民广播电台在国家新闻出版广电总局国际合作司的指导下开始在东南亚国家电视开设了固定栏目播出中国优秀影视剧和动画片等。广西人民广播电视台"电视中国剧场"的首个项目在柬埔寨落地。2014年10月,广西人民广播电台与柬埔寨国家电视台合办了"电视中国剧场"栏目,并正式在柬埔寨国家电视台一频道每周四、周六17:00固定时间播出由广西人民广播电台译制的动画片。2014年11月,广西人民广播电台与老挝国家电视台签署合办"电视中国剧场"栏目协议,每周六、周日18:00固定时间在老挝国家电视台一频道播出我国电视剧。此外,广西人民广播电台正在将这一模式推广到东南亚其他国家。与东南亚国家电视媒体合作开办"电视中国剧场"栏目,针对目标国观众内容需求和收视特点联合译制播出优秀中国影视剧,把适合东盟国家受众口味的中国影视作品译制成东南亚国家语言和文字,通过市场化运作,销售或提供给东南亚各国国家电视媒体使用,并在东南亚各国国家电视开设固定时间播出"电视中国剧场"栏目,通过东盟国家主流媒体,传播中华文化,提高我在东南亚地区的文化软实力。《中国剧场》模式不仅符合国家利益,也深受东南亚人民所喜爱。

在实践中,"电视中国剧场"根据不同国家市场特点和受众需求,开发了形式多样的内容版式,有"中国时间""丝路剧场",还有"Hi-Indo""Hi-Cambo"频道。2017年,在老挝、柬埔寨、坦桑尼亚、肯尼亚开发了"电视中国农场",为当地农民精选了一批制作精良、形式活泼、科学实用、符合当地生产实际需要的农业专题节目,介绍中国先进的农业技术和致富理念,在当地引起了不小的轰动,观众反响热烈。在蒙古,蒙语版《生活启示录》也掀起了热播风潮,创造了蒙古国家台收视率新高,主题曲《爱到底》更是成为当地红遍街头巷尾的歌曲。2017年,胡歌、闫妮等主创人员与当地观众见面,受到蒙古观众的热烈追捧。目前"中国剧场"已先后与尼泊尔、蒙古、埃及、捷克、印度尼西亚、秘鲁等多个国家签约播出,取得了重要的阶段性成果。从热播程度上看,反映新时期中国社会生动细节的现实题材影视作品,近些年在周边国家大受欢迎。

"电视中国剧场"模式主要有两个特点:一是商业化运作,二是本土化运营。就商业化运作而言,"电视中国剧场"采用贴片广告的方式播出。例如,广西人民广播电台每年分别在柬埔寨、老挝固定播出100多集中国优秀电视剧,该栏目中既有中资企业和当地企业投放的商业广告,也有我国相关机构和媒体投放的公益广告和形象宣传片。"电视中国剧场"模式的另一个核心特征是本土化运营。本土化是国际传播的重要战略,但其本身也有一定的层次性;这种层次性与传播条件、传播实力密切相关,也与传播理念直接有关。目前,"电视中国剧场"模式主要是在当地进行运营,甚至节目译制都是在目标国完成。同时,"电视中国剧场"模式非常注重在当地涵养影视市场,提升中国影视产品的品牌影响力。概言之,"电视中国剧场"模式对于拓展中国影视产品传播平台、提升中国影视品牌都具有积极、重要的意义。

二、《中国剧场》模式的意义与启示

"电视中国剧场"模式的意义主要体现在三个方面。

1."电视中国剧场"模式有助于化解走出去困局

目前,我国影视产品走出去的主要困难在于国际市场化程度不高、品牌影响力不大、观众认知度不足。"电视中国剧场"模式及其本土化运营方式对于化解这些困局具有显著效果,因为"电视中国剧场"播出的影视剧、动画片等都是我国电视领域的上乘之作,题材主要围绕当代普通人的生活,能有效减少传播中的"政治折扣"。此外,有研究者就指出,过去中国影视文化产品经过"粗加工"出口到国外后,常常出现严重的"水土不服"现象,其中一个重要原因就是翻译水平不高,导致"驴唇不对马嘴"。① "电视中国剧场"采用目标国演员本土化翻译配音之后,能有效减少"文化折扣"。正是基于这些原因,"电视中国剧场"节目才能取得较高的认可度和影响力。

2."电视中国剧场"模式有助于推动走出去升级

我国影视产品走出去的最高目标和境界是实现从"花钱搞传播"到"赚钱搞传播"的转变。"电视中国剧场"模式及其本土化策略是实现这个目标的重要路径。当我们的节目被认可了,影响力出来了,品牌形成了,市场也就培育出来了,并实现彻底转型。

3."电视中国剧场"模式有助于提升走出去产业化程度

目前,我国影视产品走出去还缺乏文化产业概念,很多时候仍在继续沿用"传播=宣传"的思路,缺乏现代影视产品、市场和营销的理念,难以在海外真正打开局面。"电视中国剧场"模式及其本土化策略对于提升我国影视

---

① 卢冉:《中国影视文化对美传播的现状、问题及对策》,载于《青年记者》2013年2月刊。

走出去的产业化程度具有重要意义，为我国国际传播领域的版权管理、节目译配、国际市场营销等方面积累了经验。

"电视中国剧场"模式及其本土化策略为我国影视走出去及国际传播提供了有益的启示。在制定影视走出去及国际传播策略时，首要考虑的就是传播效果和传播的可持续性，"电视中国剧场"模式在这方面提供了很好的参考。商业运作模式是升传播效果的重要保证，因为外方要确保其商业利益必然会在选片、译制、推广等方面竭尽全力。例如，柬埔寨"电视中国剧场"模式在 2015 年播出的剧目是大型中国历史剧《三国演义》，为了确保播出效果，柬埔寨国家电视台选派优秀配音演员到中国参与《三国演义》的配音。此外，传播的可持续性来源自于资金的可持续和品牌影响的可持续性，"电视中国剧场"模式的商业运营模式都为可持续性发展提供了坚实基础。另一方面，国际传播要重视产业建设和人才培养。"电视中国剧场"模式在东南亚的成功正是基于相关媒体机构的译制能力建设和人才储备。另外，本土化是我国影视走出去及国际传播的重要策略，其成功关键在于路径的选择。在本土化的主要路径中，语言本土化是最为普遍的本土化方式。我国影视走出去及国际传播在确保语言本土化质量的前提下，要着力提升制播本土化，尤其是品牌本土化水平，力求在内容生产、内部管理、市场营销和受众服务等各个方面都实现较高的本土化程度。

第六章

跨文化视角下影视产品走出去策略与路径

第一节　影视国际传播中的跨文化问题

国与国之间或多或少存在着文化差异，中国在推进影视产品走出去时必然会遭遇跨文化问题，正如长期致力于对外传播实务与理论工作的沈苏儒所指出的：对外传播面临着因文化差异而造成的障碍，必须努力克服这些障碍。这些障碍就包括"文化折扣"（Cultural Discount）。加拿大学者霍斯金斯等学者在《全球电视和电影：产业经济学导论》一书中指出，由于影视文化产品具有独特性，在估量影视产品的出口价值时，必须考虑文化折扣的因素。所谓"文化折扣"（Cultural Discount）是指"扎根于一种文化的特定的电视节目、电影或录像因为风格、价值观、信仰、历史、神话、社会制度、自然环境和行为模式的差异在其他地方的观众中很难获得认同，加之电视节目或电影需要翻译和配音，其吸引力会减少。即使是同一种语言，口音和方言也会引出文化折扣问题"。[①] 当前，影视产品走出去必须要正视这种文化差异，积极运用跨文化技巧消弭文化差异。

一、媒介变革时代的国际传播与跨文化

全球化、新兴媒体发展为电视国际传播带来了前所未有的机遇，互联网在国际传播方面与卫星电视、有线电视、数字地面电视、IPTV 具有独特的优势，大大提升了国际传播效率。北京大学关世杰教授认为，国际互联网等信

[①] ［美］考林·霍斯金斯著，刘丰海、张慧宇译：《全球电视和电影：产业经济学导论》，北京：新华出版社 2004 年版，第 45 页。

息技术发展，为那些已在全球市场经济中形成规模生产的文化产提供了更好的生存和发展空间，加剧了全球文化发展的马太效应。①随着全球化深度推进和新兴媒体快速发展，影视国际传播的竞争变得更为激烈。研究数据显示，在2016年，一部美国电视剧在本国播出32天后，就开始登陆法国市场，即美国电视剧在法国市场上播出的平均"窗口期"从2014—2015年度的159天缩短到2015—2016年度的32天。美国电视剧在英国和澳大利亚播出的平均窗口期从120天缩短为37天，在德国播出的窗口期从170天缩短为61天。②可以说，在当前国际影视领域，强者愈强的国际竞争格局依然存在甚至更加显著。

随着中国影视产业国际化、全球化以及全球新兴媒体发展，中国影视国际传播正在深度嵌入国际化进程。2017年，中国电影海外销售和电视剧一样实现了高速增长，海外销售收入达到42.53亿元人民币，同比增长11.19%。例如，电影《中国推销员》发行到美国、英、法等67个国家，销售总额突破600万美元；中外合拍纪录电影《我们诞生在中国》2017年4月在北美上映，一周票房达到648万美元，总票房近1500万美元。另外，中国影视剧在国际网络平台表现抢眼。2017年，《双世宠妃》《河神》《将军在上》《致我们单纯的小美好》《海上牧云记》等网剧在海外成功发行，其中，《白夜追凶》海外版权被美国奈飞公司（Netflix）买下，在190多个国家地区播出。阿拉伯语配音版的《父母爱情》在埃及播出后取得了3.8%收视率的佳绩，刷新了当地境外影视剧播出的收视纪录。喀尔喀语版《北京青年》《平凡的世界》在蒙古国主流电视台播出后，收视率稳居前列，主题曲甚至成为当地热播歌曲。中国在持续推进影视产品海外销售力度的同时，也稳步拓展海外市场参与度，例如已在印尼和柬埔寨开播了"Hi-Indo!"和"Hi-Cambo!"频道，并在南非、

---

① 关世杰：《中国文化国际影响力调查研究》，北京：北京大学出版社2016年版，第16页。
② 参见：www.digitaltveurope.net/530742/netflix-effect-forces-shorter-windows-for-drama.

捷克、尼泊尔、英国、塞尔维亚和缅甸电视频道中开办名为"中国时间"(China Hour)的节目时段。值得一提的是,这些频道和栏目不是简单以"外宣模式"免费赠送播出,而是采取商业模式与本土合作方开展经营、利益共享,这是中国影视国际传播的重大变革。

影视国际传播的一个主要任务是弘扬本国文化,尤其要传播本国主流价值观。根据编码解码理论,影视节目在不同文化间传播时会有一个编码解码的过程,传播者和接收者会根据本国文化的"码本"对节目中的价值观等分别进行编码和解码。影视国际传播要强化跨文化意识,充分认识到不同文化在价值观、社会制度、日常生活等方面的差异性,在编码解码时选择适合的价值观和文化元素。在这方面,美国好莱坞在长期实践中积累了丰富的跨文化传播经验,并有效运用到讲故事方式和价值观传播方面。以影片《疯狂动物城》为例,该片在主题和价值观方面可谓老少咸宜,儿童观众从片中看到了善良勇敢的主人公战胜了恶势力,成年观众看到的则是一个弱小的从农村出来的小型动物实现"美国梦"的故事。[①]《变形金刚》等电影则采取了另外一种价值观传播路径和叙事方式,关注全球性问题,如保卫世界和平等。对于中国影视国际传播来说,讲好中国故事的基础性工作就是传播好中国价值观、提升中国文化软实力,增强中国价值观在全球的认同程度。

随着全球影视国际传播竞争的日趋激烈,跨文化策略是应对新兴媒体时代受众日趋分化的必然选择。美国亚马逊首要视频(Amazon Prime Video)的全球内容总监罗伊·普莱斯(Roy Price)认为,媒体领域并不存在所谓"全球用户"(Global Customers)的概念,因此必须要实施"多元本土战略"(Multi-local Strategy)。本土战略的核心之一就是跨文化战略,以有效应对"文化折扣"(Cultural Discount)问题。所谓文化折扣,又称文化贴现,是指"扎

---

① 转引自刘洪:《中国影视文化产品出口研究》,首都经济贸易大学硕士学位论文,第26页。

根于一种文化的特定的电视节目、电影或录像因为风格、价值观、信仰、历史、神话、社会制度、自然环境和行为模式的差异在其他地方的观众中很难获得认同，加之电视节目或电影需要翻译和配音，其吸引力会减少。即使是同一种语言，口音和方言也会引出文化折扣问题。"[1]中国影视国际传播起步晚、经验少，跨文化问题正在成为一个亟须解决的问题。近年来，中国影视国际传播由于跨文化理念不强、举措不足，影视产品在海外不时遭遇跨文化问题。例如，为把《舌尖上的中国（第二季）》输出到巴基斯坦，使用了乌尔都语进行译制配音，有效解决了语言的跨文化传播问题，但片中涉及猪肉等伊斯兰国家非常禁忌的主题，而巴基斯坦是伊斯兰国家，导致原片内容无法播出。可见，中国影视国际传播亟须强化跨文化意识，有效克服文化差异，减少"文化折扣"、提升传播效果。

在影视国际传播中，影视产品与新闻节目相得益彰，在传播文化软实力和提升国际话语权方面取得了显著成果。正因为如此，美国等西方强国都非常重视影视精品在国际传播中的作用，甚至不惜动用外交力量为影视精品出口开辟道路。例如，20世纪20年代，美国政府把"美国电影进入欧洲市场的准入"作为附加条件写进了1920年的合约，随后美国电影在欧洲市场如虎添翼。1921年，法国生产了150部电影，但到了1926年，本土电影产量降至52部，而进口的美国影片却有444部之多，占法国总票房的80%。此后，更是一发不可收拾，美国电影在欧洲的强势地位持续至今。我国在充分重视中国影视产品走出去重要性的同时，要从政策、机制、技术、市场、人才建设等多方面强化"走出去"导向的影视产品创作、制作、译配等领域的实力。从另一个角度来看，只有真正走出去参与国际市场竞争，才能逐渐倒逼国内影视产业的规范化、国际化、专业化，进而有效提升整个产业的实力和水平。

---

[1] [美]考林·霍斯金斯著，刘丰海、张慧宇译：《全球电视和电影：产业经济学导论》，北京：新华出版社2004年版，第45页。

随着全球化深入推进和媒介环境深度变革，国际市场上影视产品的跨国输出在规模、速度、范围、影响等方面都呈现出与传统媒体时代迥异的景观。在变与不变之间，跨文化策略始终是影视国际传播必须尊奉的圭臬之一。对于中国影视国际传播而言，当前一方面要做强做大国内影视产业，提升国际化水平和国际市场竞争能力；另一方面要充分融入国际市场，通过开展国际合拍在影视理念、制作手法、市场经营等方面实现跨越式提升。美国奈飞公司（Netflix）作为当前全球最大的网络电视平台，它在跨文化传播方面的主要策略之一也是国际合作。2018年，奈飞公司的国际合拍影视剧多达80部，其中包括与哥伦比亚Dynamo公司合作制作的10集电视剧《萨瓦赫区》（*Distrito Salvaje*），该剧讲述一位哥伦比亚游击队员逃出密林、回归社会的故事。此前，奈飞公司与Dynamo公司合作制作了《毒枭》，并获得多项艾美奖提名。通过合作制作，奈飞公司获取不同国家、地区有代表性和全球市场价值的影视创作资源，提升影视作品的国际化水平和跨文化能力。对于中国影视业而言，当前，中国影视国际传播要推进供给侧结构性改革，在充分考虑目标区域和国家受众需求的基础上，稳步提升影视作品的创作能力、制作水平、表达技巧，有效完成影视作品在讲好中国故事、传播中华文化方面的任务和使命。

二、影视国际传播要注重中外文化之间价值观念的差异

在文化中，价值观念是居于核心层面的内容，对于社会发展和经济活动具有特别关键性的作用。价值观充当短期愿望和长期愿望之间的桥梁，决定性地增强长远目标的力量，否则人们就会只顾满足眼前的利益。其中，属于文化领域的价值观，叫作"伦理"。[①] 不同文化的价值观或价值观念具有一定

---

① ［美］塞缪尔·亨廷顿、劳伦斯·哈里森著，程克雄译：《文化的重要作用》，北京：新华出版社2002年版，第82~83页。

的差异性。戴维·希契科克（D.Hitchcock）在1994年完成了一个题为"亚洲的价值观与美国，冲突有多大？"的调查报告。调查结果显示，在涉及"有序社会"的价值时，东西方国家的人们表现出较大的差异：71%的亚洲被调查者说这对他的同胞而言是最重要的，而只有11%的美国人认为如此。在"重视学习"和"维护集体和谐"的重要性上，亚洲人与美国人的选择分别是69%和15%，58%和7%；在"个人自由"问题上，亚洲人不像美国人那么重视，差距达32%和82%。但这个问题认识的最大差别仍在新加坡和美国之间，在11个新加坡被调查者中没有一个认为"个体权利"对他的国民而言是至关重要的。[①]

价值观是影视产品走出去的核心内容，也是跨文化传播的"核心码本"。在《编码、解码》一文中，斯图亚特·霍尔运用马克思主义政治经济学理论的生产和流通原理（生产—产品—消费—再生产的模式），建构了"编码—成码—解码"理论。有学者借用霍尔的编码解码理论来阐释影视产品生产与传播的三个阶段。第一阶段是"编码"，即影视产品"意义"的生产，世界观、意识形态等形成代码。第二阶段是"成品"阶段。影视产品"意义"被注入后，占主导地位的便是赋予影视产品意义的语言、图像和话语规则。由于图像话语将三维世界转换成二维平面，它自然就不可能完全成为它所指的对象或概念，这就是影视文本的多义性。第三阶段是观众的"解码"阶段。这一阶段占主导地位的是受众的世界观和意识形态等。受众必须能够"解码"，才能获得"译本"的意义；如果受众能够解码，能看懂或"消费"影视产品的"意义"。[②]根据"编码—解码"理论，人们在接收来自其他文化的信息或媒体内容时，会根据自身的价值观进行解读，由此产生正面或负面的效果。我们的

---

① 潘一禾：《文化与国际关系》，杭州：浙江大学出版社2005年版，第205页。
② 赵玉宏：《影视产品跨文化传播与我国文化软实力建设》，北京：经济日报出版社2015年版，第46、47页。

影视产品如果在价值观构建方面缺乏科学性，则容易在传播过程中催生"负面"解读。如图所示：

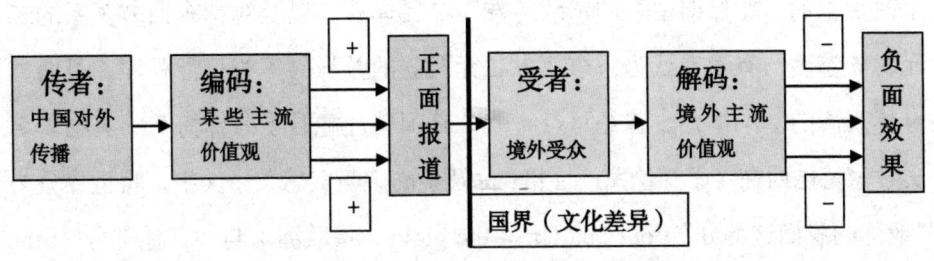

对外传播中"正面报道、负面效果"模型

因此，我们在开展影视产品走出去业务过程中要特别注重价值观的差异，努力适应世界上不同国家和民族的文化所具有差异性，同时探寻不同的国家和民族的价值观的共同之处，用两者共同的文化认识来传播，特别要杜绝传播那些在我国被奉为主流价值观，但在国外有着不同、甚至相反解读的价值观。

三、影视国际传播要注重中外文化之间思维方式的差异

影视产品走出去可以理解为一个针对传播内容的编码和解码过程，如上图所示。编码和解码方式与思维方式密切相关。人们的思维方式是文化的核心因素，思维方式的差别是文化差异的本质体现。例如，在西方，"思维"（thinking）与逻辑和理性密切相关。西方文化自古以来注重理性思考和哲学反思，充满哲学思辨色彩的学说层出不穷。① 有学者认为，综合性思维和对立性思维也是中西思维方式的一个重要差异。例如，中国自古就注重天人和谐、天人合一的思维方式，与此相对应的是，西方文化在逻辑分析思维的不断作

---

① 王前：《中西文化比较概论》，北京：中国人民大学出版社2005年版，第1页。

用下，逐渐形成了人与自然对立的二元思维方式。这种思维方式在特定的社会条件下，导致了征服自然的大规模活动。①西方这种二元思维方式还反映在了政治上的"非黑即白"的"敌—友"二元模式，以及对待东西方关系的二元对立态度。有学者认为，东西方二元对立的差异与等级世界秩序，是西方世界观念的基本模式。曾经写过《一个英国鸦片瘾君子的忏悔》的英国著名文学家德昆西在《康德论民族性格：论及崇高感与美感》一文中，将世界分为"地球的我们这部分"（our quarter of the glove，指欧洲）与"其他部分"（the other quarters of the world, 指世界上欧洲之外的其他地区），"其他部分"主要指东方国家以及非洲、每周的野蛮部落。②

思维方式与哲学存在内在关联，换而言之，中外哲学的差异也推动了中西方思维的差异。梁启超认为，世界哲学大致可以分为三派：印度、犹太、埃及等东方国家，专注重人与神的关系；希腊与现代欧洲，专注重人与物的关系；中国专注重人与人的关系。如果比较中西方哲学，欧洲哲学以求知为出发点，中国哲学以利行为出发点。中国先哲虽不看轻知识，但不以求知识为出发点，亦不以求知识为归宿点。中国哲学以研究人类为出发点，最主要的是人之所以为人道。③正因为如此，中欧之间思维方式的差异是巨大的。一位长期在欧洲工作的中国外交官认为，中欧之间在思维方式上主要存在六大差异：一是抽象思维和具象思维的差异；二是感情性思维和利益性思维的差异；三是整体性思维和局部性思维的差异；四是扬善性思维和批判性思维的差异；五是防御性思维和进攻性思维的差异；六是曲线形思维和直线性思维的差别。④我国影视产品走出去要注重思维方式的差异，在传播方式和内容表达等方面都要考虑海外受众习惯的思维方式。

---

① 王前：《中西文化比较概论》，北京：中国人民大学出版社2005年版，第3页。
② 周宁：《世界之中国：域外中国形象研究》，南京：南京大学出版社2007年版，第69页。
③ 梁启超：《梁启超论儒家哲学》，北京：商务印书馆2012年版，第4、266页。
④ 王亚军：《东方红 西方蓝：一位中国外交官的欧洲亲历》，南京：南京师范大学出版社2005年版，第167~170页。

四、影视国际传播要注重中外文化之间表达习惯的差异

表达习惯具有文化的烙印，不同文化惯用的表达方式具有一定的差异性，这对于影视产品译制特别重要。对不同文化表达习惯的了解是跨文化传播的重要基础，例如一些中外词汇的互译也要考虑不同的文化环境及其意义。上海东方卫视的英文名字为"Dragon TV"，这就存在一个跨文化的问题。中国文化中，龙是吉祥的象征，但是在英语文化中，dragon是恶兽，是一种令人恐怖的怪物，不具任何美感。东方卫视却没有意识到"龙"与"dragon"在东西方文化中代表着迥然不同的含义。正因为如此，现在一部分学者主张从根本上解决这个"错译"的历史问题，即把龙翻译为中文的音译"loong"，而把英文的dragon一词音译为"罪根兽"。因为中国的"龙"与西方的dragon本来就没有对应关系，是早期来中国的传教士误译的结果。如果继续沿用，势必会"混淆视听"，不利于中国自身文化的传播。[1] 除了这类因为"误译"而产生的"同名异物"跨文化问题之外，对外传播还要注意"同物异意"的跨文化问题。例如，很多"动物"虽然在中外都存在，指称也一致，但却在不同文化中有着不同的含义。在中国文化中，喜鹊给人的印象极其美好，人们认为它是吉祥鸟，是叫喜的，因而有"喜鹊叫，有客到"的说法。然而在英语文化中，喜鹊却比喻"唧唧喳喳或爱好收藏杂物的人"；而在俄语文化中，它的形象则更为不佳，象征着"搬弄是非的饶舌者"。[2] 因此，对外传播中在使用象征符号的时候需要认真研究符号在不同文化中的含义，确保其在两种文化中的含义不出现偏差，或尽量避免使用那些容易产生歧义的符号。

除了词汇的选择与使用，句式和修辞也是表达方式的一个重要方面。例

---

[1] 关世杰：《跨文化传播理论在对外传播中的应用价值——以龙在我国与dragon在英美的文化差异为例》，载于《全国第一届对外传播理论研讨会论文集》(2009年)，第11页。

[2] 戎林海：《跨越文化障碍：与英美人交往面面观》，南京：东南大学出版社2005年版，第213~215页。

如，对偶句是汉语是十分独特而又非常发达的表达方式，它将语音、语义、语法及文化等元素集为一体，最能代表汉语语言文化的特点。对偶句式常能产生出充满东方睿智的名言警句，如"前事不忘，后事之师""世事洞明皆学问，人情练达即文章"。大量的对偶句，说明中国人习惯对比着思考问题，辩证思维十分发达。对偶句式和辩证思维紧密联系，相辅相成，共同推动着汉语思维的发展。修辞方面的差异主要体现在表达方式的精准与模糊以及语篇修辞。就表达方式的精准与模糊而言，这两者的差异在诗歌语言里更为突出。"玉容寂寞泪阑干，梨花一枝春带雨"，这样一种表达方式是比喻还是象征，汉语无须指明，而印欧语若是比喻必有"like"一类喻词。如：My love is like a red, red rose。在语篇修辞上英语句子的典型模式是直线型结构，而汉语句子的典型模式是螺旋型结构。这种螺旋型结构的语篇表达模式在汉语里被得到认可，与汉语传统行文结构方式"起承转合"有直接的关系，"起承转合"这一被程序化了的语用模式，恰恰表现出汉语语篇思维与表达的语言特点，但这种螺旋型结构的语篇表达模式的语言文化根源，是汉语整体领悟——类比联想的思维模式与汉语辨证思维取向。[①]

第二节 影视内容制作的跨文化策略

在当前国际传播竞争中，新闻关于国际话语权，是各国竞相发展、激烈角逐的领域。电影、电视剧、动画片等影视产品虽然娱乐色彩较重，但无形之中也是文化价值观念传输的重要载体，关乎一个国家文化软实力的传播。而且影视产品的政治色彩较淡，比较容易跨越语言与文化的障碍，从而被境

---

① 徐行言：《中西文化比较》，北京：北京大学出版社2004年版，第169~181页。

外观众接受和喜爱。美国每年向其他国家输出大量的喜剧或故事片，就是为了实现商业利益与文化传播双丰收。我国一直以来都非常重视影视产品走出去，但其前提与核心是影视产品的制作，其中包括全球观众认可的思想理念、精彩的故事内容、具有跨文化能力的叙事方式以及国际化的制作。相比西方，中国影视业起步较晚，过去几十年发展相对较缓。值得庆幸的是，近几年，我国影视产业呈现井喷的增长态势，取得喜人的成绩。2016年，全国生产完成并获得《国产电视剧发行许可证》的剧目共计334部14912集，其中现实题材剧目占比为56.89%，历史题材剧目占比为41.32%，重大题材剧目占比为1.79%。就电影而言，2016年，全国共生产电影故事片772部，动画电影49部，科教电影67部，纪录电影32部，特种电影24部，总计944部，故事影片数量和影片总数量分别比上年增长12.54%和6.31%。2016全国电影总票房为492.83亿元，同比增长11.83%，城市院线观影人次为13.72亿，同比增长8.89%；国产电影票房为287.47亿元，占票房总额的58.33%。全年票房过亿元影片86部，其中国产电影45部。与此同时，在影视产品走出去过程中，我国在出口规模、营业收入、市场分布、主题类型等方面也不断突破。当然，相比西方影视业发达国家，我国在影视创作的产业化、市场化方面仍不成熟，还没有形成一套从创意、拍摄、制作、推介、销售、播出、市场研究等成熟的生产模式，中国影视产品在国际上的竞争力与影响力仍有待提升，与我国的综合国力增长和文化软实力传播需求不匹配。为此，亟须努力探索新型的"国际化创作策略"，逐渐构建适合中国国情、能与西方竞争的影视产品创作模式。

一、创作理念：价值观的共享性与情感的共通性

影视创作的选题需要强化不同文化的共享性元素，尤其要强化价值观方面的共享性，保持文化的互通性。20世纪80年代早期，日本电视剧《阿信》

在日本轰动一时。该片讲述了一个日本女孩被拐卖为奴役,后来又奋力摆脱卑贱贫苦的故事。《阿信》在1987年被引进到伊朗播出,一举创造该国引进剧收视历史。当时,在每周一晚上播放《阿信》的时候,德黑兰街道随即变得冷冷清清,由此可见《阿信》大受欢迎的程度。① 该剧在伊朗的成功得益于片中女主角英雄般的品质及其典型的日本女性文化特征,这都与伊朗价值观具有很高的兼容性。与此同时,选题有效避免目标文化中在价值观、思维方式、社会习俗等方面的禁忌性元素。土耳其节目《完美新娘》(*Perfect Bride*)2004年在土耳其首播,大获成功。节目内容是由12个想要结婚的年轻女士和6位年轻男士组成,不过,男士是带着他们的母亲一同前来的。所有参与者共同生活13周,每周通过观众投票选出大众最喜爱的婆婆和新娘。获得大众投票最多的新娘可以淘汰一位婆婆,但是她的儿子必须跟她一起离开。在节目的最后,如果母亲同意,并且新娘新郎情投意合的话,他们将得到一个豪华婚礼、蜜月旅行等奖品。该节目后来被6个国家改编,其中包括韩国、印度、俄罗斯等,也取得了较好的反响。但该节目未能被引进到西方国家市场,文化差异是主要原因之一,因为一些西方国家中的未来婆婆无权选择儿媳。② 相比之下,土耳其电视剧《厄扎尔》(*EZEL*)则在国际上颇具影响,还出口到尼日利亚等国。《厄扎尔》由埃亚萍公司(Ay Yapim)制作,共155集,讲述了一个现代背叛与复仇的故事。要创作一部世界级的影视精品,就要充分体现人类的情怀;反映人类的共同关切,如生态环境、社会问题、战争、犯罪等;展现人类的共同期待,如财富、事业或爱情;或者构建人类的共同想象与好奇心,如外星来客、未来世界、宝藏探寻、神鬼世界、不明生物等。因此,影视创作的主题及其展现的文化价值、人文理念等都必须具有共享性,必须能满足其他文化的需求。比如,每个人都希望自己成为英雄,想要克服困难直

---

① [加]马修·弗雷泽著,刘满贵等译:《软实力:美国电影、流行乐、电视和快餐的全球统治》,北京:新华出版社2006年版,第172~173页。

② [法]Bertrand Villegas等:《全球节目模式养成计》,北京:中国传媒大学出版社2017年版,第109~110页。

到取得最后的胜利。另外,爱情、亲情、友情以及职场奋斗和财富梦想等主题都具有较好的共享性。在"走出去"导向下,影视产品的对象是境外观众,甚至是完全不熟悉中国文化的观众。因此,影视产品在选题时就要以人类共享价值观和共同情感为核心。

影视产品创作要在理念上注重价值观的共享性。价值观的共享性能让外国观众更容易理解、接受和认同影视节目中传递的价值观。北京大学关世杰教授在诸多争议提出了"共享价值观"的概念。他认为,我国对外传播的重中之重在于价值观的传播,所传播的价值观要能在不同文化或国家间"求同存异",双方或多方都能在精神上认可、接受、追求、笃信这些原则和信念。关世杰教授认为,共享价值观主要由三个部分组成,即共同价值观、外来共享价值观和中华共享价值观。共同价值观包括"自由、平等、团结、容忍、尊重大自然和共同承担责任"等,主要依据是联合国等全球性国际组织通过的、我国签署的文件,如《人权宣言》《联合国宪章》《世界文化表现形式多样性公约》等国际法文献通过的共同价值观。外来共享价值观是源自外国的价值观,对中国而言是"进口货",如自由、平等、民主、人权、法治这些价值观。中华共享价值观是源自中国本土的价值观,是中国传统文化发展至今被广泛认可和接收的那些核心价值观念,如仁、义、礼、信、恕、孝、和等。五四运动之后,中国文化在面对外来文化冲击、因应社会发展的过程中进行了一些改良、创新,并产生了一些新的价值观,如共同富裕、和谐世界、人民至上、集体主义、集体人权。《一代宗师》不仅在国内创造了近3亿元的票房成绩,并成功登陆北美主流市场,以697万美元的票房收入成为当年在北美市场排名第二的外语片。该片将极为东方化的电影美学表达与中国传统武术文化相结合,描摹着上一辈武学大师的精神气质,精美到犹如油画般的影像和构图,充盈着传统文化的气韵与风骨,成为近年来最具东方气魄和灵魂电影之一,而其中所蕴含的"孝""忠""义"等价值观也增加了其厚重感。

影视产品创作要注重情感的共通性,让外国观众增强认同感。2016年1

月，阿拉伯语版电视剧《父母爱情》在埃及国家电视台黄金时段"中国剧场"栏目播映。根据埃及广电联盟的统计，此剧收视率高达3.8%，观众人数达400多万。埃及国家电视台台长马吉德·拉辛表示，埃及和中国都是历史悠久的文明古国，两国在传统价值观上有相似之处。埃及资深媒体人侯赛因表示，埃及播出的中国电视剧都是反映家庭关系和社会现实的，容易让埃及观众产生共鸣，埃及市场对这类电视剧有强劲需求。阿拉伯语版中国剧连续在当地热播，培养了良好的观众基础，在埃及电视市场树立了中国品牌。影视作品源于生活，又要高于生活。对于跨国传播的影视产品而言，生活的共鸣、情感的共通要融入作品之中；影视作品不仅能反映相同或相似的生活经验，更要体现共同的情感追求、价值观念以及人生感悟等。中国影视作品要真正走向世界，就必须要有世界胸怀，真正关心和反映人类共同面对的社会问题、环境问题、情感问题等，并充分运用中华文化的智慧来探讨问题的解决之道。除了情感认同，还要充分解决表达方式的问题。好的思想需要恰当的影视表达手段，好的内容需要到位的影视表现方式。在这方面，李安的电影提供了有益的参考。他在拍摄《喜宴》时就充分考虑西方观众的理解方式和接受特点，通过美国影视界人士的参与，用西方人能接收的商业娱乐包装来表现浓厚的东方文化韵味，最终取得了可观的商业成就。中国影视对外传播曾陷入过一个误区，认为要"强制性"地向国外观众灌输中国文化，循序渐进地在影视作品中引导和强化他们对中国文化的认同。但"移情"理论表明，在跨文化影视传播中，"推己及人"往往不如"换位思考"更为有效。影视创作需要充分了解和认识目标国的文化，站在对方的立场进行背景、内容、角色的定位，这样才能增进不同文化间传播的共通性，强化外国观众的接受度和认同感。

另外，影视产品创作也要深入考虑不同文化间的接近性。约瑟夫·斯特劳哈尔（Joseph Straubhaar）在《超越媒介帝国主义：不对称的相互依赖与文化接近》一文中首次提出了"文化接近性"这个概念，以说明文化距离对电影和电视节目成果输出入的重要性。所谓"文化接近"是指受众基于对本地文化、语言、风俗等的熟悉，较倾向于接受与该文化、语言、风俗接近的文化产品。①影视创作要认真研究目标国的文化特点，充分运用那些具有接近性的价值观、社会习俗、文化符号等。

二、制作方式：中外合作与中性战略

中外合作是影视制作的一种重要方式。影视产品的制作过程也是将创作理念落实的过程，是一个从抽象到具象的过程。中外合作往往能吸纳不同的文化元素，如果模式成熟、手法得当，这种多元文化元素往往能成为吸引不同国家观众的重要卖点。2006年，一部名为《通天塔》（Babel）的影片在全球引起轰动。这部影片是由墨西哥导演执导，法国、墨西哥和美国联合制作的。该片讲述了一起枪击案的跨国调查，以及由此引发的不同文化的差异和冲突。多国元素、异域风情就是这部多国合拍片的成功要素之一。开展跨国合作制片，这也是影视节目，尤其是影视剧实现对外传播的模式之一。长期以来，我国影视剧对外传播的模式是"内销转出口"，即对已有的国产影视剧进行译制，然后面向海外播出、发行或出售。而跨国合作制片是"订制出口"，即针对国际市场进行影视剧创意、拍摄、制作、翻译和推广播出。跨国合作制片从一开始就有明确的国际市场和受众目标，通过聚合合作方的资源、经验、市场，充分提升影视作品的跨文化性和市场适应性。从运营层面而言，跨国合作制片的优势在于将合作各方的利益捆绑在一起，构建了利益共同体。从创作层面而言，跨国合作制片的优势在于充分综合了合作各方的对于故事的理解、背景的设置、人物的设定、演员的选择等，在最大限度上求同存异，由此进一步拉近了与目标国家受众的文化接近性和内容贴近性。国际主要传媒集团都具备较为完善的国际化运作体系，针对目标国家电视市场的文化特

---

① 赵玉宏：《影视产品跨文化传播与我国文化软实力建设》，北京：经济日报出版社2015年版，第57页。

点和政策环境采取相应的进入策略,其中合作制作和联合投资通常较为有效,因为国际传媒集团的节目制作技术和资金往往对目标国市场具有较强的吸引力。例如,在拉美地区,巴西环球电视集团和墨西哥特莱维萨集团都积极开拓其他国家电视市场,它们的法宝之一就是合作制作和联合投资。墨西哥特莱维萨集团与阿根廷、智利、哥伦比亚等国家的媒体合作开发针对本地市场的节目模式。

影视产品的制作还要注重"中性战略"的运用。所谓中性战略(Neutral Strategy)是指在影视节目制作时,考虑到区域性市场或国际市场的差异性因素,在对白口音、演员构成、拍摄地点选择等方面尽量满足目标市场观众的文化特点和心理需求,构建一种"泛区域"的身份认同。以拉美国家为例,当地一部中性战略的影视剧中的演员对白融入了多个国家的流行用词和时髦表述,演员阵容来自多个拉美国家,拍摄场景也包括多个国家的代表性城市或景观。与中性战略相关,"自然的合拍"正在成为国际合拍的一种重要的国际合作策略,力求合拍作品同时满足不同文化背景的受众需求。它要在剧本上下足功夫,尤其要在那些发生在多个地方的故事之间创造性地建立关联,由此拉近在合作方所代表的不同地域的文化接近性。要实现这一目标,关键的要素是地点和人物,要通过故事发生地点、演员背景以及故事角色的精心选择和设计,有效跨越文化的差异。以 2010 年拍摄的美国《南方女王》(*La Reina del Sur*)为例,该剧讲述了一个西班牙女毒枭为了给男友报仇、与跨国毒品网络周旋的故事,剧本是根据西班牙作家阿托罗·派瑞兹·雷文特(Arturo Perez Reverte)的畅销小说改变的,演员来自多个国家,拍摄场景选在哥伦比亚、美国、墨西哥、西班牙和摩洛哥等国多个地点。目前,世界各国都非常重视影视合拍,通过合作拍摄、合作制作来提升作品的国际化、跨文化特征。例如,智利电视机构为了有效地把影视剧出售到美国市场,非常注重与美国电视媒体的合作。2014 年,智利国家电视台(TVN)与美国世界电视网(Telemundo)共同拍摄一部名为《天堂之主》(*Owners of Paradise*)

电视剧。《天堂之主》改编自智利作家巴勃罗·伊蓝斯的同名小说，在美国迈阿密、纽约和智利多个地方取景拍摄。通过跨国合拍和合作制作，这部电视剧有着更为丰富的视觉元素和文化内涵，在智利和美国都有不错的收视表现。

三、译制策略："一国一策"的跨文化模式

影视译制，是影视作品的翻译制作，是对影视作品中的语言进行加工转换的艺术活动。影视译制主要包括字幕和配音两种形式。它将一部原版影视作品的对白或解说，从一种语言翻译成另一种语言。

影视译制是一种语言转换，是跨文化传播的重要手段。相对影视字幕翻译，影视译制配音更为复杂。影视译制配音不仅是一个语言转换的过程，也是一个再创作的过程，需要在配音导演的指挥下，由配音演员对原剧进行重新演绎，既要力求保持原剧精彩，又要符合目标观众的表达习惯和语言风格。实践证明，虽然英语、法语是很多国家的官方语言，但对于部分国家，如果能以当地民族语言配音，传播效果和社会效果都会大为提升。在部分国家中，以斯瓦希里语和豪萨语配音的节目在传播效果上要大大优于以英语、法语配音的节目。例如，《媳妇的美好时代》是首部译成斯瓦希里语的外国电视剧，在当地取得了非常好的收视效果。其中部分原因是这些地区的观众文化程度有限，识字率不高，翻译成字幕并不能有效解决跨语言传播的问题。而且，该国政府官员认为，这是对他们民族语言的极大尊重。

影视精品的翻译实际上是为了解决影视产品走出去的跨文化问题。不同文化之间都或多或少存在着一定的差异。曾在中国外文局工作过的美国友人戴尔·毕斯多夫（Dell Bisdorf）曾这样风趣地形容中美之间的"文化鸿沟"："美国人第一次听到中国京剧时就仿佛是听到3只猫和1支风笛在一个口袋里所发出的声音。而植根于另一种民间传统的美国爵士音乐对中国人的刺耳程度不亚于前者。"对外电视因为存在跨国、跨文化的特点，在节目内容和传播

方式上都与对内电视存在一定的差异,这种差异会或多或少地阻碍电视对外所开展的文化传播。正因为如此,我国在进行对外传播时需要重视跨文化交流的问题。所谓跨文化交流是指来自不同文化背景的人所进行的交流。跨文化交流需要克服不同文化在器物层面、制度层面和价值观层面的差异,形成有效互动,完成观念交流。正如长期致力于对外传播实务与理论工作的沈苏儒所指出的:对外传播不可避免地要克服文化差异的障碍,这是对外传播有效开展的基础。需要指出的是,不同对象国之间的文化也存在差异,故而对外传播要采取"一国一策"的战略。正因为如此,影视精品译制配音(以下简称"译配")要根据不同国家的文化特征,采取"一国一策"的跨文化模式。首先,要充分尊重、严格过滤对象国文化中禁忌的内容。比如,使用乌尔都语译配的《舌尖上的中国(第二季)》,因片中内容涉及猪肉,而巴基斯坦是伊斯兰国家,对此有禁忌,导致原片内容无法播出,甚至在我国国内从事乌尔都语译配的外籍专家都拒绝配音。巴基斯坦国家电视台对《北京青年》的译配水平没有意见,但对片中出现异性亲密行为等镜头提出修改意见,不得不重新进行剪辑。

影视译制要注重归化策略。归化概念(Domestication)最早可以追溯到德国诠释学家施莱尔马赫(Friedrich Schleiermacher),与至相关的另一个概念是"异化"(Freignization)。施莱尔马赫于1813年在"论翻译的方法"演讲中首次提出了两种翻译路径:一种是译者尽可能不惊动读者,让作者去适应读者;另一种是译者尽可能不惊动作者,让读者去适应作者。前一种方法就是后来的"归化",即在翻译中以目的语言或译文读者为主,译文符合读者的语言习惯,意在用传统的情调去取悦译文读者。后一种方法是后来的"异化",即在翻译中译文以原文语言或原文作者为主,而不是对读者妥协,要求读者接受异国的情调。施莱尔马赫认为:译者只能沿着一条路径前进,否则,如果两者混而为一,就会出现无法预见的后果,作者与读者极有可能永远无法走在一起。美国著名翻译理论家劳伦斯·韦努蒂(Lawrence Venuti)在《译者的隐身》一书中对归化和异化现象进行了更深一步的探讨,他认为所谓的异化就是在翻译的过程中尽量向源语靠近,尊重源语的话语习惯和风俗人情,以确切体现源语文化为目标,使读者能够最大限度地感受异域文化的风情;而归化则是与之相反的一种翻译策略,即在翻译过程中尽量向目的语靠近,使读者避开不同文化的差异,通过读者耳熟能详的事物来帮助读者更好地理解译文。[1] 当前,中国文化尚不具备美国文化的国际影响力,中国影视产品走出去在现阶段需要采取归化策略。所谓归化策略,就是要注重目标国受众的文化特征,在表达方式,尤其是翻译配音方面充分尊重目标国受众的习惯。例如,中国电视剧《孔雀东南飞》是一部与爱情相关的电视剧,但翻译成"Peacocks Flying Southeast"后,会让人觉得这是一部关于动物的电视剧。笔者曾就此访谈了美国电视业界人士,他们认为这种翻译方式不利于受众理解,更有影视节目的海外销售和传播。相比之下,韩国电视制作商非常注重跨文化表达问题,影视剧在出口前都要认真研究如何翻译问题,包括片名翻译,例如《大长今》被翻译为"Jewel in the Palace",《新进职员》是"Super Rookie",《玫瑰与黄豆芽》是"Roses in the Kitchen",《我的爱人》是"Love of My Life"。[2] 这些翻译既能较好地诠释电视剧的主要内容,也能强化受众的文化认同。对于中国影视国际传播而言,片名翻译反映出影视表达的一个深层次问题,需要逐步改进翻译配音理念、方式、技巧等,提升目标受众对影视作品的理解水平和接受程度。

---

[1] 赵玉宏:《影视产品跨文化传播与我国文化软实力建设》,北京:经济日报出版社2015年版,第149~150页。

[2] 郭镇之等:《第一媒介:全球化背景下的中国电视》,北京:清华大学出版社2009年版,第254页。

第三节 "一带一路"背景下的影视产品走出去

"一带一路"国家与中国有着历史交往渊源和文化交流基础,但中国与这些国家之间或多或少存在着文化差异,中国对这些国家的传播是一种跨文化传播,需要积极运用跨文化技巧和策略来提升传播效果。

一、我国影视产品在"一带一路"的优势与机遇

我国在"一带一路"沿线国家推动影视产品走出去有着三大显著优势及机遇。

1. 我国与"一带一路"沿线国家有着深厚的历史、文化渊源

我国与"一带一路"沿线国家在历史长河中已有人际交往和文化交流,而且我国是世界上邻国最多的国家,共有14个陆上邻国和6个隔海相望的邻国,这些国家与我国山水相邻,文化、语言、生活习惯等较为接近,具有开展文化传播的优越先天条件。

以我国北部近邻蒙古国为例,中蒙两国山水相连,中国境内的蒙古族群众与蒙古国人民同根同族同文化,与美、日、韩等国家媒体相比,有着得天独厚的人文地缘优势,我们制作播出的电视节目更容易被当地观众所接受。而且,我国内蒙古广播电视台有几十年丰富而成功的对蒙宣传工作经验,有一支近400人的从事蒙古语节目生产管理工作的高素质人才队伍,技术设备条件雄厚,并且现在蒙古国官方和民众普遍带有更深入认识和了解中国的心理需求。内蒙古广播电视台蒙古语电视节目自1997年开始在乌兰巴托落地传

输后，成功打入蒙古国主流社会，收视人数已突破240万，占该国总人口的85%以上。内蒙古广播电视台与蒙古国国家公共电视台、乌兰巴托电视台等当地主流媒体有着多年的良好合作关系，在当地民众中有着良好的口碑。在这样的情势下，开展对蒙古国的文化传播较为容易受到该国民众欢迎，从而提升中国国家形象，增强中华传统文化的吸引力，增强两国贸易畅通、民心相通。

以我国南部近邻越南为例，由于长期受中国文化影响，越南的文化和风俗习惯无不有着华夏文明的印迹，越南的思想、文化、艺术、建筑都和中国一脉相承。1991年11月，中越关系正常化以来，随着两国政治、经济、科技等领域交往与合作的不断发展，两国的文化交流也日趋活跃。其中一个突出表现，就是中国电视连续剧持续在越南播放，并深受越南各阶层观众的欢迎和喜爱，而且经久不衰。可以说，中国电视连续剧在越南影视舞台扮演了举足轻重的角色。2015年年初，由广西电视台与中国国际广播电台联合译制的国产电视剧《老马家的幸福往事》在越南热播，受到越南观众的广泛关注。这是我国首次尝试由中方主导翻译、主导制作并播出的、以越南语为目标语言的国产电视剧，在创新对外文化交流形式、深化中越两国影视剧合作方面做出了积极探索。

另外，老挝、缅甸等其他国家与我国人民来往密切，世代友好，两国边境人民语言相通、习惯相同、互市通婚，具有"你中有我，我中有你"的特性，相近的生活习惯使文化传播容易产生共鸣。

2. 我国影视产业已基本具备辐射"一带一路"国家的雄厚实力

近年来，我国广播影视产业取得了长足发展，内容产品、技术设备、文化服务等在国际上的竞争力显著提高。就"一带一路"沿线国家而言，中国目前与俄罗斯、土耳其等14个国家和东盟、亚广联、亚太广播发展机构等构建了双边、多边和区域性广播影视交流机制，为中国与丝路国家广播影视交流合作提供了便利和保障，为项目实施奠定了良好基础，搭建了交流交易平台。近年来，已有1万多小时的国产影视作品出口至东南亚国家，其中2014年达到5000小时，中国影视作品在东南亚有一定的市场影响力。例如，《父母爱情》《北京青年》《李小龙传奇》等一批影视作品已经实现在不同对象国播出。其中，阿拉伯语版《金太狼的幸福生活》《媳妇的美好时代》在埃及播出，缅甸语版《金太狼的幸福生活》《门第》等影视剧在缅甸播出。有的电视剧还创出当地高收视率，比如国际台译制的阿语版《父母爱情》在埃及国家电视台"中国剧场"栏目中播出后，取得了3.8%的高收视率，观众达400万人以上，市场反响可观。另外根据柬埔寨国家电视台2015年6月提交的《三国演义》播出报告，采用柬埔寨语翻译配音的《三国演义》受到了柬埔寨观众的广泛关注，在网络社交平台脸书（Facebook）上引起了热烈的讨论，在脸书（Facebook）上得到了不少"赞"和评论，认为译制电视剧《三国演义》的画质、音质、特技、场景布置、后期柬语配音和剧中演员精湛演技令人赞叹。这些影视作品在相关国家的播出，客观上已经帮助中国影视作品打开了进入丝路国家的通道，开始积累受众，并逐步扩大受众群，为中国影视作品在当地市场树立良好口碑打下了基础。

我国自主研发的数字电视技术、设备以及相关服务在"一带一路"沿线国家也具有一定的竞争力。例如，我国自主研发的"中国巨幕"放映系统是经过数年研发，完全具有自主知识产权的数字电影高科技放映平台，该成果成功打破了国外先进国家多年以来在该领域对我国的技术壁垒和垄断，在国内外市场推行该项技术有利于将电影放映水平推向一个新的高度，使得国内外电影观众得到更身临其境的观影体验，同时也能以技术支撑艺术，通过该放映系统将国内外优秀影片以更好的形式和质量展现在观众面前。在海外市场发展上，"中国巨幕"放映系统凭借自主研发高品质的巨幕放映系统、合理的商业模式，在得到国内电影市场高度认可的前提下，得到了海外市场的强烈关注。2015年，已经有两个中国巨幕影厅在印尼雅加达正式运营，还有一家落户美国拉斯维加斯。目前已经还与哈萨克斯坦等国家签订了合作意向协议。

另外，从2007年开始，云南电视台下属的云南无线数字电视文化传媒有限公司（简称"云数传媒"）与老挝国家电视台等机构合作在老挝万象建立了无线数字电视系统，采用我国数字电视标准（DTMB）开展传输业务。2012年2月，老挝正式采用DTMB标准建设全国数字广播网。2012年9月，云数传媒与柬埔寨国家电视台签约，在柬埔寨采用DTMB标准建设数字地面电视广播网。2010年1月，泰国宣布采用中国移动多媒体广播标准（CMMB）。塔吉克斯坦也已确定采用我国移动多媒体广播标准（CMMB）进行国内移动多媒体广播服务。有了共同的节目销售平台和相通的技术标准，我国边境省区与邻近国家的广播影视合作就有了稳固的基础。

3. "一带一路"国家有着对我影视产品和服务的需求

"一带一路"沿线国家在影视产业发展水平上层次不齐，相当一部分国家对于我国的影视产品和服务有着较大的需求。以南亚、东南亚国家为例，各国在这几年进入模拟电视转数字化的高峰时期，对文化需求也日益旺盛，我国云南云数传媒集团利用这一发展契机在老挝、柬埔寨等国实施了DTMB地面数字电视项目，并以此为示范提升了各国对DTMB地面数字电视项目合作都具有浓厚的兴趣和巨大的市场需求。面向南亚、东南亚DTMB国际传播覆盖项目建设，有助于让更多的中国优秀文化"走出去"，更好地讲好中国故事、传播好中国声音、营造于我有利的周边舆论环境。

另外，阿拉伯国家是我国"一带一路"上具有重要的战略地位。阿拉伯世界拥有22个国家和地区，横跨了亚欧非三大洲，有着悠久的历史文化积淀，同时是世界石油产量最丰富的地区。近年来，这些国家的电视观众了解中国的诉求越来越强烈。中华文明曾对世界文明产生过重大影响，随着我国经济发展和国际地位的提升，灿烂悠久的中国文化正在引起世界新一轮的关注。

而由于阿拉伯国家的广播电视长期受到西方媒体的占领，使得他们希望了解中国的诉求更为迫切。近年来，宁夏广播电视台《中国回族》《中阿友谊》等节目在阿联酋、沙特阿拉伯、约旦、科威特、西班牙、埃及等国播出后，反响强烈。在三届中阿广播电视合作论坛上，许多阿拉伯国家的嘉宾都表示希望更多地播出来自中国的电视节目。这为我台在阿拉伯国家和地区推广中国内容的受众接受度方面提供了条件。

二、我国影视产品在"一带一路"的挑战与风险

目前，我国面向"一带一路"国家推动影视产品走出去的主要存在五个挑战：文化差异、国际政治、市场竞争、传播理念、精品资源和译制水平。

1. 我国与传播对象国之间存在文化差异

我国与"一带一路"沿线国家在文化上或多或少存在文化差异，加之一些国家内部在民族分布、语言、宗教信仰等方面较为复杂，我国影视产品在这些国家的分发和销售需要应对文化的差异性、多样性。以伊朗、吉尔吉斯斯坦、土耳其、哈萨克斯坦这四个国家为例，它们地处欧、亚、非三大洲的交界处，是世界上最复杂的民族分布地带之一。主要有土耳其、波斯、库尔德、哈萨克、乌克兰等民族，宗教信仰包括天主教、伊斯兰教、佛教。我国影视产品需要在创作主题、制作方式、译制配音等方面系统考虑文化差异的影响，并采取行之有效的方式加以应对。

2. 其他大国在"一带一路"沿线国家的国际政治影响

政治和文化总是密切相连，国际政治对于影视产品走出去也有着深刻影响。以东盟国家为例，中国与东盟地缘相近、人文相亲、文化相通。中国影视产品一直深受东盟国家人民追捧和喜爱。但由于历史和现实等原因，尤其

是美国在该地区的介入，近年来南中国海地区局部争端不断，这在一定程度上影响到中国与东盟国家的友好合作关系，影响到中国—东盟自由贸易区建设进程和成效。为此，我国广西人民广播电台与东盟国家电视媒体正在积极合办"电视中国剧场"，让优秀中国影视作品进入当地主流媒体，有利于东盟国家人民了解中国文化，增进传统友谊，在服务"以邻为伴、以邻为善"和"安邻、睦邻、富邻"国家外交方针中发挥应有的作用。

3. 其他国家参与"一带一路"沿线国家的市场竞争

以影视剧为例，中国影视剧在面向"一带一路"沿线国家的传播中面临着与美国、韩国、日本、土耳其等国家的挑战。目前，美剧、韩剧、日剧在东南亚普遍流行，美剧、土耳其剧等则在阿拉伯地区流行，印度、泰国的影视作品近年来"走出去"的力度也在加大，相对压缩了我影视节目在丝路国家传播的市场空间，对我影视节目进入当地主流媒体构成严峻挑战。目前，当地电视播出的中国节目很少，大部分观众对中国文化的印象主要停留在"中国功夫"的视觉冲击上，对中国当代社会的发展知之甚少，有的甚至存在误解和疑虑。特别是，相关国家的影视作品出口除了商业上的努力以外，有时也存在本国政府支持的因素，比如韩国就经常有向对象国赠播节目的情况。

4. 传播理念缺乏"市场"要素

我国影视产品走出去多为"政府驱动"，而缺乏"市场驱动"，这必然促生"以我为主的宣传逻辑"。有学者在研究新疆对中亚的传播情况后认为：目前，新疆对中亚传播多为从政治视角宣传新疆民族政策、民族团结、民族文化和物产资源。长此以往，这些传播活动在中亚国家民众头脑中形成了"刻板印象"，一提起新疆，人们的头脑中就是一张"老照片"：雪山沙漠，骆驼毡房，瓜果飘香；一说新疆少数民族就是热情好客，能歌善舞。这种状况对于新疆的发展进步、对于文化的传承与进步、对于外界全面深刻地了解新疆是不利的。①如果引入"市场逻辑",传播目标会有更多的"市场导向",也更容易契合目标观众的需求;科学的影视产品走出去模式应为"政府驱动"和"市场驱动"的有机结合。

5. 传播内容缺少精品资源

我国影视产品走出去的核心资源是影视精品,尤其是适合对外传播、符合当地文化习惯和内容需求的影视产品。以对蒙古国的传播为例,内蒙古电视台蒙语卫视过去播出的精品译制电视剧在蒙古乌兰巴托占有绝对的优势,如《水浒传》《三国演义》和《康熙王朝》等。另外,内蒙古蒙语卫视播出的国产动画片《大头儿子小头爸爸》在蒙古国所有节目中排在了第48位。但是,近年来国内影视剧制作"短期利益导向的市场化"泛滥,在国际上能产生影响的精品影视剧凤毛麟角。这不仅造成国内电视屏幕"雷剧"泛滥,也导致能走出去的精品产品资源日益稀缺,难以在邻国形成有效的市场竞争力和收视影响力。正因为如此,内蒙古卫视在蒙古当地的竞争力和影响力逐步下降。与此同时,乌兰巴托一些规模较小的电视台播出俄罗斯和韩国电视剧屡创收视率佳绩,一些电视剧的收视率动辄取得20%甚至30%的高收视率。

6. 传播语言本土化水平不高

我国面向"一带一路"国家的影视传播除了采用英语、俄罗斯语等区域性通用语言之外,大多是利用边境民族地区的少数民族语言的优势,尤其是与邻国语言的接近性,例如内蒙古与蒙古国在蒙语以及文化上具有一定的接近性,新疆柯尔克孜语与吉尔吉斯斯坦吉尔吉斯语具有很多相似的地方,另外新疆哈萨克语与哈萨克斯坦哈萨克语之间也存在互通性。与此同时,邻国语言也会受到其他语言的影响,例如哈萨克斯坦的哈萨克语和吉尔吉斯斯坦

---

① 罗彬:《跨文化视阈下新疆对中亚的传播研究及发展趋势》,载于《新闻与传播研究》2012年10月。

的吉尔吉斯语都受到俄语的较大影响，吸收了很多俄语词汇。正因为如此，我国民族语言与邻国语言已经出现了较大的差异，例如我国柯尔克孜语和吉尔吉斯语在词汇方面存在20%~30%的差异度。目前，我国边境省区对外传播的节目大部分都是直接以本省区民族语言播出，缺乏本土化改编和重新译配，存在明显的水土不服现象，直接影响了传播效果。有学者对此建议，应遵循"中国主题，世界元素"的原则，加强对影视译制标准、技巧、文化转换等的研究和优化，提升影视译制作品的内容品质。①

三、我国影视产品拓展"一带一路"市场的策略与路径

我国面向"一带一路"沿线国家推进影视产品走出去要充分利用区位特点，立足与邻近国家在文化上相通、在语言上相近和在地理上相邻的优势，强化节目制作、翻译以及营销等方面的合作。

1. 立足文化相通，开展跨国合作制片

我国影视产品走出去的主要优势在于文化相通，其中民族迁徙与跨界民族是得天独厚的人文优势。我国边境省区与接壤国家历史上有着频繁的民族迁徙活动，同族同源，语言文字、生活习俗、宗教信仰、文化传统都有许多相同或相似之处，便于沟通，易于认同，是民族文化产业合作与传播的深厚基础。②我国边境省区应积极利用这一优势开展跨国合作制片，这也是影视产品走出去的重要模式之一。合作制片能使作品扩大融资规模以适应海外市场需求、扩大发行渠道以在更多的播出平台实现播出之外，最为关键的是，它能扩大作品的跨文化传播的适应性，以适合双方本土观众的共同文化偏好，

---

① 杨明品主编:《中国广播电影电视发展报告（2014）》，北京：社会科学文献出版社2014年版，第171页。

② 丁智才:《民族文化产业的对外传播效用探析》，载于《华中师范大学学报（人文社会科学版）》2013年6月。

亦即通过合拍，一国影视机构在合作方所在地的本土化传播更为有力度。① 在合拍过程中，要有机整合传播对象国与电视剧故事发生地，以及演员地域身份与故事中角色的地域身份。② 跨国合作制片正是探寻和满足不同区域间文化偏好重叠空间的极为有效的路径，由此进一步拉近了与目标国家受众的文化接近性和内容贴近性。除了电视剧，电影、动画片、纪录片等也是跨国合作制片的重要节目类型。例如，广西电视台与泰国国家电视台合拍了纪录片《河边的孩子》。这些节目一方面有助于强化媒体交流与合作关系，更重要的是通过合作，大大提升了节目的传播效果。

2. 立足语言相近，强化影视节目的译制合作

我国影视产品走出去可以充分利用相近的语言优势，在节目译制方面开展深度合作，翻译制作符合目标国民众接受习惯的节目。从 2012 年开始，我国国际传播领域开始高度关注影视剧的译配问题，并从政策和机制等方面来稳步提升影视节目的译制质量。目前，我国已经建立了中国国际广播电台、中央电视台国际电视总公司、海宁译制基地等译制单位，初步形成了译制主体和译制市场。在影视产品走出去的实践中，"中非影视合作工程"（也称为"1052 工程"）已经取得了积极的效果，其经验可以运用到我国影视产品走出去的其他项目中，通过政府引导和扶持，建立起市场化、高水准的区域影视译制产业。另外，在边境省区对外传播中要注重"中性策略"的运用，充分考虑到区域性市场或国际市场的差异性因素，在对白口音、演员构成、拍摄地点选择等方面尽量满足目标市场观众的文化特点和心理需求，构建一种"泛区域"的身份认同。

---

① [加]考林·霍斯金斯、斯图亚特·迈克法蒂耶、亚当·费恩著，刘丰海、张慧宇译：《全球电视和电影：产业经济学导论》，北京：新华出版社 2004 年版，第 148 页。

② 张梓轩、雷建军：《自然的合拍——中国电视据在非华语区传潘的策略分析》，载于《中国电视》2013 年第 4 期。

3. 立足地理相邻，促进影视节目的市场合作

我国影视产品走出去要积极与"一带一路"国家开展市场运营合作，逐渐构建起区域性、甚至国际性的影视节目市场，同时注重区域内技术标准的共享和统一。我国在推动建设区域性影视节目交易平台的同时，要积极开展双边或多边的节目制作、销售合作，共同开拓国际市场。以广西人民广播电台为例，该台与境外媒体合作办期刊、频率和电视栏目。2012年9月，广西人民广播电台与越南广宁广播电视台签署合作办刊协议，我国边境外宣期刊《荷花》杂志创刊十年后终于在对象国建立起正常、合法的发行渠道。2014年2月1日，广西人民广播电台正式与越南广宁广播电台合办其第二频率（QNR2），由北部湾之声负责每天译制4档越南语节目在QNR2播出，每天播出8小时（含4小时重播）。2014年起，广西人民广播电台先后与柬埔寨、老挝国家电视台合办《中国剧场》，联合译制推广中国优秀影视剧。2016年2月，与柬埔寨、老挝电视媒体又正式签署《中国动漫》栏目协议，将联合译制推广中国动漫片。广西人民广播电台与东盟国家电视台开展的跨界合作是我国影视产品走出去的新探索、新实践。

第七章

产业视角下影视产品走出去的策略与路径

第一节　中国影视产品走出去的宏观策略

影视产品走出去是中国与世界沟通的重要渠道，是当前向世界讲述中国故事、塑造国家形象、传播中国文化的重要载体。影视产品的国际竞争力是国家影视产业整体实力的对外投射，也是国家影视产业国际竞争力的有机组成。美国著名管理学者迈克尔·波特在《国家竞争优势》一书中提出了构成国家竞争力优势的"钻石模型"。他认为，国家竞争力优势的形成依赖于企业，而企业能否在国际竞争中取得优势地位，则取决于四大关键要素：生产要素，需求条件，支持性产业，企业战略、结构和同业竞争。政府和机遇则处于"钻石"的两端，与四大关键要素紧密关联。① 如果将"砖石模型"应用于中国影视领域产品走出去的语境中，政府主管部门、影视产业、媒体机构和文化企业涵盖了"生产要素""需求条件""支持性产业""企业战略结构和同业竞争""政府"等要素，分别在宏观、中观和微观层面上发挥着关键作用。影视产品走出去的效果在微观上主要取决于媒体机构和文化企业的内生动力和主动作为，而在宏观上则得益于国家力量的支持，这直接决定能否走得准、走得稳、走得远。影视文化公司负责人在接受笔者调研时表示，"目前影视产品'走出去'的过程中，缺少国家政治、外交与政策支持，相比较于日本、韩国的影视产品，少了大国规模优势，难以直接与顶级国际平台平等对话。"当前，中国影视产品走出去面临难得机遇，中国在世界影响力的提升为中国影视产品的传播营造了良好氛围，中国影视产品在一些国家播出时取得佳绩，例如《父母爱情》在埃及和《现代启示录》在蒙古国的收视率都位居榜首。但在

---

① 赵玉宏：《影视产品跨文化传播与我国文化软实力建设》，北京：经济日报出版社2015年版，第129页。

主流国际市场上，我国影视产品的竞争力远不及美国、英国等欧美发达国家。在宏观层面上，我国影视产品走出去有赖于四个方面的创新发展：顶层设计与发展规划、扶持政策与机制创新、产业发展与内生动力、国际合作与资源聚合。

一、优化顶层设计，加强统筹协调

当前，中国影视产品的国际竞争力尚不足以与欧美国家抗衡，国家影视主管部门要针对当前发展阶段的特点，加强顶层设计，针对未来发展制定中长期规划、增长路径和区域布局，并提出相应的切实可行的扶持举措。为了做好顶层设计、优化传播布局，国家相关部门要在国家层面上加强四个方面的统筹：第一，要加强影视媒体与外交、商贸、金融等领域的统筹协调，为影视产品走出去构建强大的支持体系。第二，要加强影视行业与电信、建设、交通等领域的统筹协调，为影视产品走出去构建有效的协作机制。第三，要加强影视走出去的地区布局，根据国家外交大局确定优先次序，明确重点国家。第四，要统筹开展海外市场研究和效果评测，以此为基础科学制定影视走出去的时间表、路线图。例如，针对不同国家文化背景及受众内容需求，为影视出口企业在目标国家和区域确定影视题材、译制方式、播出渠道等方面提供有效参考。为此，国家层面需要统筹建设一个国际传播数据库，专题分析世界主要国家的文化特征、影视市场特点、传播渠道特点、受众收视特征、受众内容需求、国家影视产品监管政策等。以此为基础，为全国影视走出去提供科学有效的决策参考，有效优化影视产品走出去的传播布局。

另外，国家主管部门还应在行业层面上加强四个方面的统筹：首先要统筹好影视走出去的主体。影视走出去的主体要统筹国有和民营、中央和地方、行业内和行业外等几个方面的关系。要积极协调引导地方传媒机构、民营企业，参与广播影视走出去有关重点项目，并与其他参与主体一样享受同等待遇，对民营机构承担公共服务部分采取政府采购方式予以支持，对民营企业走出去的传输渠道、平台与技术研发、人才培养培训等予以资金支持。其次要统筹好影视走出去的渠道。中国影视机构自建的海外营销渠道，普遍存在小而弱和专业性较低等问题，彼此之间的合作程度也不高。相关主管部门要统筹建立覆盖广泛、具有强大营销力的海外营销渠道，稳步提升中国影视内容在国际市场上的竞争力。三是要统筹好影视走出去的内容。针对不同国家、地区的文化特点和市场竞争情况，要统筹好影视走出去的内容，避免出现影视产品传播中"制度折扣""文化折扣"。在同一个国家，要统筹好不同类型的题材，力求丰富、多元，避免同类题材的同质化竞争。四是要统筹好影视走出去的宣介。影视产品走出去的影响力既与单个作品有关，也与整个国家影视产业品牌形象有关。国家相关主管部门要统筹开展影视品牌宣介活动，为中国影视产品走出去营造良好的氛围，提升中国影视产品的国际影响力和竞争力。可借鉴美国电影协会的做法，由影视机构成立的协会在主要国家、主要国际性城市，建立办事机构，负责中国影视节目的海外推广。

二、强化政策扶持，激发传播动力

长期以来，中国电视领域的市场属性相对薄弱，电视被认为是事业体系一部分，等同于供水、供电等公共事业。受此影响，中国电视业市场特征薄弱，付费电视业仍未起步，电视台营利模式单一，版权交易市场不成熟，等等。就影视产品走出去而言，中国电视产业国际化程度不高，媒体机构和文化企业都以国内市场为主，走出去的能力和动力都亟须提升。其实，美国影视业一开始也不关注国际市场，后来经历了"对内"到"对外"的转变。1930 年，美国好莱坞在海外电影票房只占总收入的 45%，这种状态一直维持到 1970 年。当时，美国本国就是最大的电影市场，美国电影制片公司从未想过国际市场战略。后来，美国联邦最高法院禁止好莱坞垄断国内市场，好莱坞电影制片公司开始转向海外市场并在海外开设了自己的附属机构。① 可见，政策引导和扶持在影视产业发展过程中能发挥决定性作用。

当前，全球影视发达国家的发展历程表明，国家扶持是影视产品提升国际竞争力的重要举措。以美国为例，美国电影制作与发行协会（MPPDA）、电影输出协会（MPEAA）这两大协会在国际市场上均与政府建立了长期的合作；美国商务部在对外贸易司中成立了电影处，专门为美国的影视业提供支持。除此之外，美国政府驻外机构专门负责搜集国外电影市场相关报告，为影视公司拓展海外市场提供决策参考。在外交方面，为了给好莱坞电影创造进入海外市场的条件，美国不惜使用政治手段和贸易制裁措施，例如在1985年，韩国政府为了保护本国电影产业，规定国产影片放映时间必须为全年的146天以上；对此，美国随即便要求其改变该政策并且要求其允许美国影视公司在韩国建立发行公司。中国加入WTO谈判时，美国将允许美国资本进入中国电影市场及增加中国对美国电影的进口配额数量作为了谈判条件。② 为鼓励影视企业出国参展、拓展国际市场，日本、韩国、俄罗斯等国政府会为本国参展企业提供资金扶持。为了宣传本国影视产品，一些国家政府还会出资做广告推介。当前，我国影视产品走出去仍处在起步阶段，相关主管部门在尊重市场规律的基础上，需要创新体制机制，出台有效扶持政策。

另外，主管部门需要为影视产品走出去提供保驾护航，尤其要深入研究当前影视产品对外传播过程中出现的主要问题和困难，包括税收问题、进出口配额问题、海外盗版问题等，提供精准扶持。自2007年起，商务部、中宣部、财政部、广电总局等机构连续联合公布《国家文化出口重点企业目录》；2018年公布的重点文化企业共有298家，其中一半以上是影视文化企业。虽然机制建立起来了，但对于这些企业的扶持政策还有待优化，扶持力度还需要加强，包括需要协调金融机构对列入重点出口企业、项目优先给予信贷支

---

① 转引自刘洪:《中国影视文化产品出口研究》，首都经济贸易大学硕士学位论文，第25页。
② 转引自刘洪:《中国影视文化产品出口研究》，首都经济贸易大学硕士学位论文，第27页。

持，鼓励保险机构创新保险品种和保险业务，开展知识产权侵权险，广播影视产品完工险和损失险等。另外，主管部门需要推动进出口银行继续通过签订战略合作协议的方式，为广播影视出口重点企业和项目提供综合性金融服务。主管部门还可以通过设立影视走出去产业基金等方式，利用金融市场优势支持影视产品走出去。另外，当前海外盗版问题尤其值得关注，在一些国家严重影响了我国影视产品走出去。许多影视出口贸易机构建议参考韩国政府维护韩剧海外版权的做法，协调我驻外使领馆，要求所在国政府监理单位，约束各类播出平台盗播我影视产品的行为。在版权进出口管理政策方面，影视产品出口企业希望能优化影视进口管理模式，推出"以出带进"政策为影视企业提供更多动力。

三、推动产业发展，提升制作能力

影视产品走出去是影视产业发展成熟的必然结果，而影视产品国际竞争力是影视产业综合实力在海外的集中体现和有效投射。影视产品走出去需要面对国际市场激烈竞争，与欧美、韩日等同场竞技。随着我国影视产业发展，影视制作水平稳步提升，在国际市场的竞争力也得到了显著增长。例如，上海克顿在美国Dramafever公布的2017年全年点击量排行前15的节目中，《三生三世十里桃花》《微微一笑很倾城》和《孤芳不自赏》成为唯一上榜的三部中国电视剧。其中，《三生三世十里桃花》荣登2017年点击量排名前五的节目。《微微一笑很倾城》成为2017年7月~12月美国Dramafever拉美地区点击节目冠军。上海柠萌影视传媒出品的《好先生》被美国STX公司买入改编权，将开发成美剧。该公司负责人表示，中国影视产业要多生产"留得下来、走得出去"的好作品，能经受时间的考验，也能突破语言文化差异。另一方面，我国影视产业整体实力还不强，在一些关键领域和环节还存在短板，例如，在数字化、信息化的时代，我们缺少制作高端影视产品的技术，包括拍摄技术、后期剪辑技术和专业的特效处理。①有研究者认为，当前我国影视产业链还不完善，国际化程度还不高，例如前期摄制、后期制作、发行放映、衍生品等有形商品的对外贸易还完全没有形成规模。②

为了推动影视产品走出去，影视产业首先要大力提升影视制作领域的国际化水平。2014年10月至2015年6月，中国学者在13个拉美国家以问卷调查方式开展"如何推动中国影视产品'走进'拉美市场"的课题调研。调查结果揭示出，中国影视产品题材过于狭隘，故事性不强，创意新颖性不足。③在北美市场上，中国影视产品的接受程度还不理想。研究认为，作为供给侧主要力量的中国创作者和作为消费侧的北美观众之间的良性互动其实还没有很好地建立起来。④相比之下，美国影视产品之所以能够在全球范围内广受喜爱是因为其产业化水平高，能通过工业体系实现精细制作。影视产业作为一个高投入的产业，美国始终坚持"高投入、高回报"的理念，着力打造面向全球市场的精品。⑤当然，影视制作的高水准一方面在于投资规模；另一方面也与制作理念、方式、手法相关。这需要影视主管机构在行业发展、作品规范、技术标准等方面加大工作力度，并通过各类评奖评优活动进行引导。

其次，影视产业需要大力提升影视译制领域的国际化水平。国际影视竞争的核心是内容竞争，为此要稳步提升规模化制作国际水准影视产品的整体能力和工业化水平；而影视译制配音是一个专业性很高的环节，需要国家推动制定译制配音标准、培养译制配音人才、开发相关软硬件等。另外，过去几年走出去工作经验证明，在译制配音方面给予扶持是支持影视产品海外传播

---

① 黄华：《我国影视文化产业的出口障碍及对策探究》，载于《法制与社会》2017年4月刊下，第100页。
② 王鑫：《我国影视贸易企业存在的问题及对策分析》，对外经济贸易大学2016年硕士学位论文，第21页。
③ 栾昀：《中国影视作品走进拉美市场的问题调研与分析》，载于《新闻传播》2016年8月刊，第85页。
④ 高欢：《中国影视作品北美传播研究》，载于《当代电视》2017年第8期，第92页。
⑤ 转引自刘洪：《中国影视文化产品出口研究》，首都经济贸易大学硕士学位论文，第26页。

的有效机制，需要不断提升支持力度。下一步，需要继续优化译制扶持政策，充分发挥其对优秀作品海外传播中的杠杆作用。

从长远来看，国家主管部门为提升影视产业发展水平，还需要在其他一些关键环节开展基础性工作，正如华强方特（深圳）动漫有限公司接受课题组调研时的建议：政府着重支持国际化原创影视产品的创作、研发、自主译配等国际性业务工作；开展市场营销、品牌授权等国际化业务培训；在国际化团队建设、贸易人才培育、专业设施筹建等方面予以政策倾斜；随着中国影视产品走出去规模的增长，影视版权保护等海外法律支持必将成为热点和重点问题，这也需要提前布局、早作准备。另外，影视产业发展与融资体制密切相关。仅仅依靠影视行业的行内资金，完全无法满足影视的发展和创作需要。风险投资基金仍然没有被我国的影视市场广泛使用，融资难就自然成为我国影视市场的重要影响元素。[1] 由于影视行业属于高风险高投资的行业，若没有健全的法律和完善的投融资体制，会有较少的投资者进行投资。美国影视产业高度发达，很早就施行完片担保制，这种投融资服务体系极大地调动了银行、创投机构和个人投资者等各方的参与，大大推动了影视产业融资的高效运作。[2] 我国要通过政策和体制制度创新，加强专业机构的引导力度，推动国家扶持基金、金融资本和民间资本顺畅地进入影视产业。

四、注重国际合作，荟萃优质资源

中国影视产品走出去是一个参与国际竞争、与国际市场接轨的过程，需要不断提升国际化水平，强化国际交流合作的能力。

为了提高中国影视产品的国际市场份额、增强国际传播的针对性和精确

---

[1] 刘莹:《中国影视业走出去的现状、问题及对策》,载于《中国广播电视学刊》2016年第2期,第51页。

[2] 转引自刘洪:《中国影视文化产品出口研究》,首都经济贸易大学硕士学位论文,第16页。

度，首先要了解海外观众的文化习俗、文化心理和信息接收习惯，根据国际受众的需求讲好中国故事，讲让世界观众听得懂的故事。在客观条件上中外文化差异较大，我国影视创作公司的创作人员对国外的文化并不十分了解或理解不深，在这种情况下要创作出符合西方受众口味的中国影视产品就比较难，而有效的方式之一就是与熟悉国际市场和国外文化的企业开展合作，通过将作品或品牌进行本地化，让国外受众接受和认同，进而才能逐步在国际市场站稳脚跟。而在合作的过程，则是一次文化与创意的大碰撞，来自不同的文化背景的创意和市场人才进行互相的交流、学习甚至争论，都将使国内的影视企业、从业人员更了解国外的文化、习俗和观众口味，对我们讲好中国故事具有非常大的帮助，只有这样我们才能不断地创作出受人喜欢的作品，提高国际市场份额，更有针对性地创作和传播中国影视产品。

国际合作重点是内容创作领域的国际合作。通过与国外优秀机构的合作，可以稳步提升我国影视制作机构的国际化水平，扩展国际视野，还可以吸收借鉴国外的拍摄技术和经验，提高作品创意制作水准，增强传播精准度。国际合作还可以提升影视产品内容的文化跨越能力，减少"文化折扣"。美国影视产业注重对外来文化的吸收利用，将其他国家的优秀文化嫁接移植在自身文化中，形成了独特的美国影视文化。国际合拍的影片能提升国际市场上的价值认同，不会因国家不同产生理解的差异，这样可以让国内外观众产生情感上的共鸣。

要在体制机制和政策层面上鼓励我国影视文化企业开展国际合作，以我为主，吸引国外机构参与合拍"中国题材、国际表达"的优秀作品；支持有实力的重点企业与海外企业进行品牌合作开发与合拍制片，借助外方创意、品牌资源优势，共同推出品质精良、更具国际竞争的精品；在题材规划、推优、评优等工作中，给予合拍作品与国产作品同等扶持奖励。

第二节　中国影视产品走出去的微观策略与发展路径

随着中国经济实力稳步增长和中华文化国际影响日益提升，中国影视产品国际传播迎来前所未有的历史机遇。当前，中国的快速发展成为影视产品走出去的最大"卖点"之一，中国经济社会发展的成功故事是最具吸引力的中国故事之一。在此背景下，中国现代都市剧近几年逐渐走入了国际视野，例如《微微一笑很倾城》2017年成为国际知名社交和视频分享平台"优图"（YouTube）上最受欢迎的华语时装剧，单集点击量突破1100万，还有《现代启示录》在蒙古国获得收视冠军。这与过去以古装剧为影视产品主要出口类型的趋势形成鲜明对比。中国国有影视影视文化企业在推动中国影视产品走出去方面发挥着积极作用，是当前中国影视产品国际传播的主要力量；为了应对新的全球化、数字化、信息化、移动化媒介环境和激烈的国际市场竞争，我国影视文化企业需要加大国际市场的拓展力度，同时也要优化影视产品走出去的策略和路径。

一、构筑核心实力，提升竞争水平

中国影视产品走出去首先要筑牢内容产业基础，着力提升影视内容制作这个核心实力，以此来逐步构建国际竞争力和影响力。在国际市场中，国际化的内容产品是中国影视开拓国际市场的根本要求。中国影视企业应树立精品意识，推出更多思想精深、艺术精湛、制作精良、体现时代文化成就、代表国家文化形象的国际化影视精品。为此，我国要着力提升影视内容产业的专业化水平，包括内容创意、剧本、拍摄、制作等。以美国影视业为例，制片公司为了提升国际市场竞争力，会在每个环节都极为用心，以迪斯尼的《疯狂动物城》为例，该部影片于2016年上映，但是其制作时间经历了5年，制作团队有500人。①

除了提升专业层面的实力之外，我国影视媒体和企业还要在影视产品的主题内涵和价值观层面提升作品的国际化水平。为了提升国际市场认可度和影响力，影视产品在价值观和理念内涵等方面要充分克服"文化折扣"。在这方面，美国影视产业提供了很多成功经验。以影片《疯狂动物城》为例，这部影片对于儿童来说是善良勇敢的主人公打倒了恶势力，这是成功的美国影片一贯提倡的英雄主义；对于成年观众来说，主人公兔子朱迪从一个弱小的农村小型动物，成为一名优秀的警察，呈现了一个实现"美国梦"的故事。②《变形金刚》等电影主题均是保卫世界的和平，与恶势力做斗争，选取了积极向上正能量的主题。这样的影片选取的主题是全世界所认同的，不会因国家不同产生理解的差异。不仅可以让国内外观众产生情感上的共鸣，还可以减少文化折扣所带来的影响。对于像中国这样影视产业仍在发展中的国家，国际合拍是提升影视产业国际化水平的有益选择；影视文化企业通过合拍吸收借鉴国外的拍摄的技术和经验，同时使得影片的文化更加多元，不同文化的拍摄团队可以兼顾不同国家的观影习惯。③

影视产品走出去一方面要在制作技术和方式上与国际接轨，但更为重要的是在影视产品立意和价值观方面赢得不同国家、不同文化的认同。另外，中国影视媒体和文化机构要针对国际市场制定有效的发展策略和可行的实施步骤。考虑到中国文化的独特性，影视产品在国际传播中容易出现"文化折扣"，现阶段可以先重点发展动画片。以广东原创动力文化传播有限公司喜羊羊系列影视产品为例，2009年迄今为止，《喜羊羊与灰太狼》动画系列和电影系列已成功登陆全球100多个国家和地区，包括澳大利亚、新西兰、印度、

---

①②③ 转引自刘洪：《中国影视文化产品出口研究》，首都经济贸易大学硕士学位论文，第26、32页。

新加坡、马来西亚、泰国、韩国等市场，使用包括英语在内的 17 种语言播出。该公司在 2010 年就《喜羊羊与灰太狼之羊羊快乐的一年》一片与美国迪斯尼频道签订了授权协议，将喜羊羊推广至了亚太 52 个国家和地区，拉开了喜羊羊全面进军海外市场的序幕。凭借迪士尼频道的影响力，喜羊羊系列在接下来几年迅速成功登陆中东、北美、韩国等地区和国家的播出平台。动画片在角色特征、表达方式、价值塑造等方面具有更强的跨文化能力，可以兼顾不同年龄段的受众，是影视产品走出去的重要载体，也是中国影视媒体和文化机构在当前阶段的重要战略选择。

二、立足国际视野，优化传播策略

长期以来，中国大多数影视文化企业主要关注国内市场，在开拓国际市场方面动力不足、经验也不够。随着中国影视国际化水平提升，部分影视文化企业已经开始拓展国际市场，例如上海克顿文化传媒有限公司提出"制作和发行全世界欢迎的电视剧"。近年来，中国影视业也涌向了多部在国际上取得佳绩的案例，例如《正义红师》这部 52 集长篇电视动画片以科幻军事为题材、倡导保护地球、发扬正义和维护世界和平为主题，成功输出到多个海外市场，包括泰国 Workpoint TV、马来西亚 Media Prima、越南 HCMC, Hanoi、文莱 RTB、缅甸 Family Entertainment Chanel、赞比亚 Muvi TV、尼日利亚 OnTV 等。另外，52 集长篇电视动画片《超智能足球》以全球最受欢迎的足球运动为创作背景，成功发行至海外超 40 多个国家及地区。这两部剧都是深圳市方块动漫画文化发展有限公司的作品，该公司 2018 年 3 月在接受课题组调研时总结出的主要经验和建议有：提高影片内容及制作水平，以国际化视野在创作题材上的创新是非常重要的，同时要建立海外团队，开拓海外代理，用当地营销团队能更有效快速地将影片打进当地电视台。另外，在保证制作水平的同时，做好内容上地域文化的融合，例如《超智能足球》是以全球最受关注的足球运动为创作背景，于海外市场此题材打破了地域文化的差异，于国内动画题材上也是新的突破。为了提升中国影视产品走出去的国际化水平，我国影视文化企业要在以下几个方面优化传播策略：

1. 内容。中国影视产品在制作水平上要有国际水平，在制作方式上也要符合国际标准。有非洲受访者认为，中国影视产品本身具有剧本复杂、情感表达含蓄的特点，容易引起非洲观众的理解困难；而译制后的中国影视剧往往因中文比非洲本地语言简洁而存在台词过于密集的现象，也不符合非洲观众的收视习惯。① 对此，中国影视影视文化企业在主题选择、内容制式、表达方式等方面要提升国际化水平。

2. 销售。中国影视影视文化企业要针对不同地区、国家的文化特点和市场特征选择合适的作品，有针对性地制定销售策略。开拓欧美、拉美等市场时，我国影视文化企业要注重文化差异和制度差异等问题，着重输出有"东方意境"的古装题材作品；针对非洲市场，则要充分利用中国经济社会发展的吸引力，侧重输出体现中国当代精神的影视产品；针对东南亚、东亚等周边地区，要注重历史关联和文化认同，可以兼顾输出古装题材和当代题材的影视产品。另外，中国影视产业整体过去参与国际市场竞争的意识和能力相对较弱，主要采用一次性打包销售等"省事省心"的方式开展海外销售。随着我国影视综合实力和国际竞争力的提升，影视产品销售策略要逐渐从粗放型向精细化转变，针对不同地区和国家采取相应的销售策略，力求销售量和销售金额最大化。

3. 译制。影视文化企业要针对不同地区采取有不同的翻译方式，例如美国可以是"原声＋字幕"，而中东地区和较不发达地区则希望以本土化语言进行配音。另外，影视企业要有针对性地开拓海外市场，针对不同国家文化背景及受众观影习惯的不同，来选择适合他的影视产品内容。

---

① 转引自郭镇之等：《中国影视作品在东非的数字化传播》，载于《电视研究》2017年第1期，第26页。

三、拓展渠道平台，提高输出能力

随着新兴媒体发展，网络电视、社交媒体等新兴媒体平台正在成为主要渠道之一，尤其在年轻受众中具有重要地位。中国影视产品在对外传播中，一方面要稳步拓展传统媒体渠道播出渠道，另一方面要有效拓展新兴媒体平台。2014年10月至2015年6月，中国学者在13个拉美国家以问卷调查方式开展"如何推动中国影视产品'走进'拉美市场"的课题调研，结果显示：拉美观众观看中国电影电视剧的渠道主要以免费电视频道和免费视频网站为主，其中60.94%的受访者通过免费电视频道和免费视频网站观看中国电影，其次是DVD和付费电视频道，电影院和付费视频网站比例相对较低。[①] 当前，新兴媒体平台在拓展拉美、非洲、中东市场时应发挥更大的作用。另外，新兴媒体平台对于拓展全球性播出渠道发挥着重要作用，具有效率高、效果好的双重优势。课题组调研时发现，上海大多数有实力的影视文化企业都已经将海外新兴媒体作为主要业绩增长平台，例如它们大多与全球最大的网络电视平台奈飞（Netflix）等平台都开展了合作，也取得了较好的经济效益和传播效果。以电视剧《何以笙箫默》为例，该剧作为中国大陆首部时装剧在奈飞平台播出，并得以进入全球近190个国家播出。概言之，中国影视产品在海外传统媒体平台难以实现跨越性突破，但在新兴媒体平台的发展机会仍十分可观。与此同时，利用新兴媒体平台拓展影视产品输出渠道时，要进行合理规划和统筹，避免不同渠道间的冲突。

---

① 栾昀：《中国影视作品走进拉美市场的问题调研与分析》，载于《新闻传播》2016年8月刊，第84页。

四、深入国际市场，提高宣介能力

影视产品对外传播要注重国际宣传推介，在影视领域"酒香也怕巷子深"。我国影视走出去还处在起步阶段，海外宣传推介理念和手段仍在探索之中。"如何推动中国影视产品'走进'拉美市场"课题调研发现：绝大部分的受访者从未见过中国影视剧在当地投放的户外广告，也未曾在媒体上看过有关中国影星在拉美走红毯的新闻报道。① 2016 年一项针对美国中文学习者等相关人士的小规模问卷调查结果也显示，美国观众对中国影视剧的知晓途径主要是通过媒体宣传和周围朋友推荐。因此，要扩大中国影视产品在美国的传播影响力，除了要提升影视产品的质量以外，还要做好与作品相关的各种宣传工作。② 目前，我国的影视走出去大多传承了过去影视营销的方法，如参加电视节、电影节等活动，或与国外影视国家联合举办影展等方式推广我国的影视产品。③

毋庸置疑，宣传推介是拓展国际影视市场的必要举措，也是提升我国影视产品国际知名度、影响力的主要方式，不能再有"宣传推介是浪费钱""宣传推介效果看不见摸不着"等落后观点。课题组在上海、广东调研时发现，海外销售业绩较好的影视文化企业都积极开展海外宣传推广活动，例如参加"中国联合展台"，主动策划和开展节目展映、媒体论坛、社交酒会等宣传推介活动。广东原创动力文化传播有限公司成功将《喜羊羊与灰太狼》动画系列和电影系列发行到海外 100 多个国家和地区，该公司认为，积极参加海外展会，利用展会契机与海外同行多多沟通，有利于我们更好地了解海外市场，创造更多合作机会。同时，拥有高质量的英文样片、脚本、海报等介质及宣

---

① 栾昀：《中国影视作品走进拉美市场的问题调研与分析》，载于《新闻传播》2016 年 8 月刊，第 84 页。
② 高欢：《中国影视作品北美传播研究》，载于《当代电视》2017 年第 8 期，第 93 页。
③ 刘莹：《中国影视业走出去的现状、问题及对策》，载于《中国广播电视学刊》2016 年第 2 期，第 51 页。

传素材，对于作品走出去也大有帮助。一些企业还通过境外合作伙伴开展本土化宣传，例如上海克顿在日本的合作方在地铁等户外广告平台对中国重点剧目投放广告。当前，我国影视走出去要认真学习国际同行的成功经验，创新海外宣传推介的理念、模式和手段。

五、加强协调合作，形成传播合力

影视产品走出去是影视产业整体实力的海外投射，也是影视机构实施国际化发展战略的必然路径。当前，中国影视产业的国际化之路仍处在起步阶段，影影视视文化企业需要加强协作，发挥走出去规模效应、提高国际议价能力，在不断总结经验的基础上进一步研究创新举措，优化走出去的合作机制和平台，通过同业合作形成更强的国际竞争力。

除了影视文化企业的同业合作，影视产品走出去还需要跨行业的合作，延伸和完善影视产品走出去的产业链条。目前，我国影视文化的产业关联度较低，尚未达到20%，影视文化产业未能与相关产业进行融合发挥更大的价值。相比之下，美国的影视文化产业关联度已经达到了60%左右，例如《星球大战》的票房总收入是18亿美元，衍生品的收入已经超过45亿元美元。[①] 可见，我国媒体机构和影视文化企业要强化跨行业合作，为影视产品走出去构建更为坚实的基础、争取更多的资源。

另外，影视产品走出去需要影视文化企业在关键环节上开展合作，例如融资、渠道建设、宣传推介等。下一步，在推动影视产品走出去过程中，影视文化企业应努力探索出更为有效的跨行业合作机制，尤其要与金融投资、电信等行探索形成长期有效、稳固的合作关系，在融资、渠道建设、宣传推介等方面获得支持，形成互利共赢的良好局面。

---

① 转引自刘洪：《中国影视文化产品出口研究》，首都经济贸易大学硕士学位论文，第15页。

结　语

　　影视产品走出去是跨越国界的一种文化传播活动和国际贸易活动，需要克服意识形态差异、文化差异，并需要具备一定的媒介技术基础和传媒产业发展水平，是一个国家整体传媒体系和影视产业综合实力的跨境投射。

　　影视产品走出去的理论与实践需要因应时代发展进行及时创新、变革，才能符合国家和时代的需要，为构建人类命运共同体、讲好中国故事发挥积极作用。在理论层面，影视产品走出去要根据实践的变化及时调整和创新理论，以更好地指导实践。

　　一是要更注重吸纳和应用人际传播理论。目前，影视产品走出去的理论框架基本上套用国际传播理论，而传统国际传播理论主要关注大众传播，对于社交平台、网络电视等领域的"人际传播"特点缺乏足够的考虑。基于新兴媒体的发展现状，现有国际传播理论对于移动化、分众化、碎片化等传播特点加强研究，对于受众在传播模型中的定位给予准确分析。人际传播理论可以为创新国际传播理论、构建更为系统全面的理论体系等提供借鉴和支持。例如，人际传播的"符号互动理论"对于"个性化""分众化"的媒体与"个体化""碎片化"受众之间构建关系、强化关联、提升传播效果具有一定的参考价值。符号互动理论的创立者美国芝加哥大学乔治·赫伯特·米德（George Herbert Mead）指出了研究符号互动论的三个核心假设：意义、语言和思维。首先，意义，即社会现实的建构。人类对人或事所采取的行为首先基于他们向这些人或事所赋予的意义。其次，语言，即意义的来源。意义产生于人们彼此的社会互动，即意义并不存在于事物本身，更不预先存在于自然状态。意义在语言的使用过程中通过协商得来，由此在理论层面形成了符号互动论。第三，思维，即扮演他人角色的过程。人类自身的思维过程能够修正他以往对象征符号的解释。①毫无疑问，无论是影视产品走出去还是国际传播都不再是传统意义上的大众传播，受众也不再是传统意义上缺乏精细划分的传播对象，主体和客体之间也不再是单向传播的关系。因此，影视产品走出去和国际传播理论要更为深入地思考如何更为清晰、精确地定位受众，与受众构建双向传播关系，并进行有效的互动。

二是要加强与跨文化传播学的学科融合。随着影视产品走出去的跨文化问题日益显著，需要加强与跨文化传播研究的学科融合。我们看到，不同国家间的文化差异通常会给跨国传播带来"文化折扣"，尤其是价值观、制度、社会习俗、语言等方面的差异通常会影响国际传播的效果。首先，影视产品走出去要注重跨文化传播中价值观念差异的研究。价值观是国际传播的主要目标之一，也是跨文化传播的"核心码本"。根据"编码—解码"理论，人们在接收来自其他文化的信息或媒体内容时，会根据自身的价值观进行解读，由此产生正面或负面的效果。影视产品走出去要在内容创作、译制等环节要深入研究不同文化之间价值观的差异，找出价值观传播的公约数，提升传播中编码解码的准确率。另外，影视产品走出去要注重跨文化传播中思维方式差异的研究，深入分析目标对象的思维方式特征，以有效指导影视产品的内容生产和译制等实践。最后，影视产品走出去要注重跨文化表达方式差异的研究，推动影视节目译制需要进一步规范化和体系化。虽然政府在积极推动影视节目的译制工作，但很多国内影视机构因为译制成本较高、投资风险太大等原因，自主进行影视节目译制的热情并不高，规模也很有限。另一方面，一些机构在制作翻译版本时，语言不过关，不太符合国际标准，导致中国影

---

① ［美］埃姆·格里芬著，展江译：《初识传播学（第七版）》，北京：北京联合出版公司2016年版，第65~72页。

视节目很难有较大规模进入国外主流电视媒体。因此，中国影视走出去要强化跨文化表达方式的研究，提高在实际业务中的指导性和实用性。

在新形势下，影视产品走出去的实践也要及时变革，尤其要针对年轻一代受众的内容需求和媒体使用习惯全面调整传播策略和方式。具体而言，实践变革集中在四个方面：

一是要深化供给侧结构性改革。影视产品走出去是国内媒体产业的延伸，其国际竞争格局也是一国综合传媒实力参与国际媒体市场角逐的结果。长期以来，我国的影视产品走出去以"外宣"为导向，仅关注其政治属性和文化属性，没有考虑其经济属性，在实践中没有从国际媒体市场角度进行顶层设计和布局，供给侧结构不尽合理。另外，国际竞争力与媒体属性定位关系密切，商业媒体在经营方面更加灵活性，在应对国际市场竞争和挑战方面也有着更多的自主性和适应能力。当前，互联网的发展进一步加剧了竞争的复杂性，数字媒介时代争夺受众注意力的竞争更加激烈，媒介机构争夺合法性（象征价值）和生存（经济价值）的斗争日益明显，[①]这进一步加剧了国际传播竞争的复杂性。我国媒体参与国际媒体传播竞争的时间较短，仍在很多方面亟待提高，尤其是整体战略、体系构建、管理思维、专业水准等方面。概言之，在新的国际传播形势下，影视产品走出去必须深化国内媒体产业改革，以供给侧结构性改革为中心，针对国际媒体市场竞争特征和未来发展趋势改革内容生产方式、体制机制建设、人才培养等。

二是从本土化到球土化转变。长期以来，我国影视产品走出去致力于"一国一策"本土化模式，以提高传播的针对性和贴近性。在新的形势下，媒体机构要在全球化背景下采取资本运作等方式构建全球性的市场和资源配置体系，进而通过全球资源的有效配置来提高运营效率和资源使用效率；与此同时，要深度开发本土市场，在内容、运营、管理、人才等方面都实现本土化。

---

① 转引自［英］尼克·库尔德利著，何道宽译：《媒介、社会与世界：社会理论与数字媒介实践》，上海：复旦大学出版社2014年版，第81页。

美国大型国际媒体集团都基本采用球土化模式，利用自身的节目资源、资金、人才和管理等方面的优势，构建内容资源的全球分发系统，同时以本土运营方式满足目标国的市场需求。概言之，当前影视产品走出去要统筹全球和本土两个市场，不再局限于本土单一市场的区隔化模式，要在全球与本土两个层面上实现资本、资源、市场等方面高度整合，提升管理效率和运营效果。

三是从大众传播到分众传播转变。影视产品走出去的终极目标是观众，把媒体内容有效覆盖和触达目标观众，并对其产生正面影响。在以互联网为基础的新兴媒介环境中，受众使用媒体的方式越来越个性化。社交网络和移动互联网的发展为个性化信息聚合提供了更广泛和更便捷的平台，使深入分析用户标签之间的联系、跟踪用户标签的使用习惯和频率成为可能，并能够以此为用户推荐个性化内容。① 因此，影视产品走出去要实现从大众传播向小众传播转变，要增强媒体的"分众"特征，有效运用社交媒体等平台，充分尊重、发挥和顺应受众的主动性。

四是从定向到定点转变。互联网和移动智能终端的发展大大丰富了媒体内容分发的渠道，媒体传播摆脱了单一渠道、定向分发的限制。以电视领域为例，智能手机、平板电脑、台式电脑、笔记本电脑等都具备播出电视或视频节目的功能，电视机一统天下的局面正在改变。当前，一种全新的媒介生态和媒体格局正在形成，影视产品走出去的路径构建也要全面升级，从定向到定点转变，也就是围绕受众这个"中心点"设计传播路径、布局传播渠道，提升内容分发效率和传播效果。

在新的全球政治、经济、技术和文化形势下，影视产品走出去面临新的挑战和新的机遇，也被赋予了更多的使命。对于中国而言，影视产品走出去的基本使命是：讲好中国故事，展现真实、立体、全面的中国，提高国家文化软实力。另一方面，中国影视产品走出去还要全力服务于构建全球命运共同

---

① 转引自［英］尼克·库尔德利著，何道宽译：《媒介、社会与世界：社会理论与数字媒介实践》，上海：复旦大学出版社2014年版，第31页。

体、推动文明交流互鉴等国家外交战略。新的形势决定了新的使命,新的使命要求有新的作为。对于影视产品走出去来说,理论创新和实践变革是当前两个紧迫的任务。通过理论创新和实践变革,国际传播才能更为有效地应对新形势,解决国际传播中意识形态差异、文化差异等问题,加强新兴媒介技术应用,推动外向型媒体产业发展,提升国际竞争实力。

主要参考文献

中文著作

［法］Bertrand Villegas 等：《全球节目模式养成计》，中国传媒大学出版社 2017 年版

戴钟伟主编：《智慧生产：互联网＋时代下视听内容的生产与创新》，复旦大学出版社 2017 年版

关世杰：《国际传播学》，北京大学出版社 2004 年版

关世杰：《中国文化国际影响力调查研究》，北京大学出版社 2016 年版

郭镇之等：《第一媒介：全球化背景下的中国电视》，清华大学出版社 2009 年版

刘习良主编：《中国电视史》，中国广播电视出版社 2007 年版

韩瑞霞：《美国传播研究与文化研究的分野与融合》，中国大百科全书出版社 2014 年版

李舒东等：《国际一流媒体研究》，世界知识出版社 2013 年版

梁启超：《梁启超论儒家哲学》，商务印书馆 2012 年版

潘一禾：《文化与国际关系》，浙江大学出版社 2005 年版

戎林海：《跨越文化障碍：与英美人交往面面观》，东南大学出版社 2005 年版

单波、刘学主编：《全球媒介的跨文化传播幻想》，上海交通大学出版社

2015年版

王前:《中西文化比较概论》,中国人民大学出版社2005年版

王亚军:《东方红 西方蓝:一位中国外交官的欧洲亲历》,南京师范大学出版社2005年版

唐润华等:《中国媒体国际传播能力建设战略》,新华出版社2015年版

杨明品主编:《中国广播电影电视发展报告(2014)》,社会科学文献出版社2014年版

张长明:《传播中国:二十年电视外宣亲历》,人民出版社2011年版

张开:《全球传播学》,中国广播电视出版社2013年版

张国涛主编:《传播文化:全球化与本土化》,中国传媒大学出版社2010年版

张梓轩:《走向世界的中国电视:国际文化贸易的视角》,清华大学出版社2014年版

周宁:《世界之中国:域外中国形象研究》,南京大学出版社2007年版

徐行言:《中西文化比较》,北京:北京大学出版社2004年版

乐黛云:《涅槃与重生——在多元重构中复兴》,中央编译出版社2015年版

赵化勇主编:《中央电视台品牌战略》,中国广播电视出版社2008年版

赵玉宏:《影视产品跨文化传播与我国文化软实力建设》,北京:经济日报出版社2015年版

中国电视剧制作产业协会、《综艺报》编著:《中国电视剧(2014)产业调查报告》,中国广播影视出版社2015年版

中文论文

丁智才:《民族文化产业的对外传播效用探析》,载于《华中师范大学学报(人文社会科学版)》2013年6月期

冯军:《英国电视创意发达的秘密》,载于《中国广播影视》2015年9月

下月版

高欢：《中国影视作品北美传播研究》，载于《当代电视》2017 年第 8 期

黄华：《我国影视文化产业的出口障碍及对策探究》，载于《法制与社会》2017 年 4 月刊下

罗彬：《跨文化视阈下新疆对中亚的传播研究及发展趋势》，载于《新闻与传播研究》2012 年 10 月期

孙向辉、张岚：《中国电影的国际传播：历史、现状与对策》，载于胡正荣、李继东、姬德强主编：《中国国际传播发展报告（2014）》，社会科学文献出版社 2014 年版

刘新传、冷冶夫：《美国纪录片国际竞争力分析》，载于《中国广播电视学刊》2014 年第 11 期

刘洪：《中国影视文化产品出口研究》，首都经济贸易大学硕士学位论文

刘莹：《中国影视业走出去的现状、问题及对策》，载于《中国广播电视学刊》2016 年第 2 期

卢冉：《中国影视文化对美传播的现状、问题及对策》，载于《青年记者》2013 年 2 月刊

栾昀：《中国影视作品走进拉美市场的问题调研与分析》，载于《新闻传播》2016 年 8 月刊

谭天、于凡奇：《从"走出去"到"走进去"——论中国电视对外传播的策略创新》，《中国电视》2009 年第 8 期

王鑫：《我国影视贸易企业存在的问题及对策分析》，对外经济贸易大学 2016 年硕士学位论文

张梓轩、雷建军：《自然的合拍—中国电视据在非华语区传潘的策略分析》，载于《中国电视》2013 年第 4 期

吴瑞庭：《当代中国电影与电影的国际交流》，载于《当代外国影视艺术》1995 年

中文译著

［美］艾伦·B.艾尔巴兰著，兰培译：《传媒经济》，东北财经大学出版社2016年版

［美］埃姆·格里芬著，展江译：《初识传播学（第七版）》，北京联合出版公司2016年版

［法］巴尔比耶、拉维尼尔著，施婉丽等译：《从狄德罗到因特网：法国传媒史》，上海人民出版社2008年版

［美］芭芭拉·J.塞尔兹尼克著，范雪竹译：《全球电视产业》，杭州：浙江大学出版社2017年版

［英］戴维·莫利、凯文·罗宾斯著，司艳译：《认同的空间》，南京大学出版社2001年版

［英］丹尼斯·麦奎尔著，崔保国、李琨译：《麦奎尔大众传播理论（第四版）》，清华大学出版社2006年版

［法］迪布瓦著，李丹丹、李昕辉译：《好莱坞：电影与意识形态》，商务印书馆2014年版

［美］卡尔·夏皮罗、哈尔·R.范里安著，孟昭莉、牛露晴译：《信息规则：网络经济的策略指导》，中国人民大学出版社2017年版

［加］考林·霍斯金斯、斯图亚特·迈克法蒂耶、亚当·费恩著，刘丰海等译：《全球电视和电影 产业经济学导论》，新华出版社2004年版

［英］露西·昆著，高福安、王文渊译：《媒体战略管理——从理论到实践》，中国广播电视出版社2013年版

［加］马修·弗雷泽著，刘满贵等译：《软实力：美国电影、流行乐、电视和快餐的全球统治》，新华出版社2006年版

［加］米奇·乔尔著，曲强译：《重启：互联网思维行动路线图》，中信出

版社 2014 年版

［美］缪塞尔·亨廷顿著，周琪等译：《文明的冲突与世界秩序的重建》，新华出版社 1999 年版，第 88 页

［美］塞缪尔·亨廷顿，劳伦斯·哈里森著，程克雄译：《文化的重要作用》，新华出版社 2002 年版

［美］约瑟夫·奈著，马娟娟译：《软实力》，中信出版社 2013 年版

［英］尼克·库尔德利著，何道宽译：《媒介、社会与世界：社会理论与数字媒介实践》，复旦大学出版社 2014 年版

［美］詹姆斯·罗尔著，董洪川译：《媒介、传播、文化——一个全球性的途径》，商务印书馆 2012 年版

［美］詹姆斯·沃克、道格拉斯·弗格森著，陆地、赵丽颖译：《美国广播电视产业》，清华大学出版社 2005 年版

外文论文

Juan Pinon: A Multilayered Transnational Broadcasting Television Industry: The case of Latin America, the International Communication Gazette, Volume 76, Number 3, April 2014

网络资料

www.appmarket.tv/
www.broadbandtvnews.com
www.businessweek.com/
www.digitaltveurope.net
www.multichannel.com

www.rapidtvnews.com

www.sinovision.net

www.tvbusa.com

研究资料

文化部党组:《关于电影工作的报告》,内部文件,1965年7月

国家广播电影电视总局发展改革研究中心:《发达国家广播影视管理体制和管理手段研究》(内部资料),2006年版

后 记

2014年至2018年，笔者在国家新闻出版广电总局（2018年3月后为国家广播电视总局）国际合作司干部交流，负责广播影视国家交流合作相关工作。笔者在中央电视台也是从事国际传播相关工作，但关注点集中在电视频道上，很少思考影视产品这种形态。正是在国际合作司工作期间，笔者有机会接触这方面的业务，也由此充分认识到影视产品在国际传播中的重要作用和价值。2017年，应唐润华老师之邀，笔者参加了国家社科基金重大项目"一带一路背景下中国价值观的国际传播研究"（项目批准号：17ZDA285）研究成果，决心利用参加课题的机会系统深入地研究影视作品走出去，探究其在国际传播中的作用，及其发展历程、面临环境、未来发展走向等问题。故而，本书的问世要感谢课题组的引领、鼓励和支持。

本书的完成还要感谢父母。我每周六晚上会在九点钟准时和母亲通一个小时的电话，报告近一周的情况，也了解家中近况，母亲通常会谈及我的业余研究问题。她虽然不清楚我的研究内容，但言语总是充盈关切和鼓励。子女不能侍奉堂前，是当下多少中国人不得已之举，好在父母们大多很理解子女，并无私地奉上所有的爱与支持。

我还要感谢单位的领导和同事，感谢他们的关心、支持和鼓励。他们时常会在闲谈中问及我近期的研究内容，无形之中给了我很多动力。

本书得以出版，我要深深地感谢中国广播影视出版社毛冬梅老师。过去五年来，我的书一直是毛老师负责编辑，她的专业、敬业精神深深折服了我。

写完这本书初稿的某天晚上，时值盛夏，锻炼结束，汗流浃背。突发感想，写下一段文字："大学时，我坚持跑步；工作后，增加了游泳；三年前，又开始练瑜伽；每周坚持这三项运动，均衡发展力量与柔韧。下班后疲乏劳累，偶会心生动摇，但越是辛劳、枯燥、劳累的事，越值得坚持。我们或许是时代巨浪中一滴渺小的水滴，或许是浩瀚星空下一颗卑微的尘埃，但我们仍可做最好的自己。"锻炼如此，读书如此，研究亦是如此。一路走来，坚持着，收获着，于是就有了这本书。从初稿到终稿，中间又经历了几个月。完成终稿时，正值国庆假期。我一人在宽敞空旷的办公室值班，平和静寂，正宜写作。蓦然想起，岁月流转之中，这本书的写作时间已经跨越了一个春夏秋冬。《后汉书·马援传》说："良工不示人以璞。本书仍有诸多不完善、不周到的地方，实在心存愧疚。但正如我的导师关世杰教授所说，学术永难完美，但要在尽善尽美与尽早服务社会之间有所平衡。希望读者理解，更希望读者能多加指正。

李宇
2018年10月于北京朝阳金台夕照